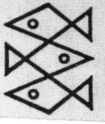

Über dieses Buch Wer sein Kind liebt, braucht es nicht zu erziehen – diese indische Weisheit stellt Elisabeth Dessai ihrem neuen Buch als Motto voran. Sie sagt dazu:
»Ich möchte Eltern dazu ermutigen, sich darin zu üben, Eingriffe und ›Fördermaßnahmen‹ zu unterlassen. Kinder wissen meistens selbst am besten, was zu ihrem Besten ist. Sie finden allein heraus, welche Ernährung ihnen bekommt, welche Leistung sie sich zutrauen dürfen und wofür sie noch zu klein sind. Sie sind liebevoll, wenn sie sich geborgen fühlen, und respektieren ihre Eltern, wenn sie selbst respektiert werden. Hören Sie auf mit dem Problematisieren, und mißdeuten Sie nicht jede Lebendigkeit und Individualität als Verhaltensstörung. (...) Legen Sie die Untugend der Selbstaufopferung ab, und spielen Sie nicht den Dienstboten der Familie. (...) Billigen Sie sich selbst das Recht auf Unvollkommenheit zu: Welche ›Erziehungsfehler‹ Ihre Siebzehn- oder Achtzehnjährigen Ihnen auch immer vorhalten mögen – sie sind kein Freibrief für Unverschämtheiten.
Beziehung statt Erziehung: Ich stelle die Einsichten, die wir aus den persönlichen Erfahrungen und Beobachtungen in unserer eigenen Familie gewonnen haben, als subjektive Erkenntnisse zur Diskussion.«

Die Autorin Dr. Elisabeth Dessai, geb. 1941, zwei Kinder, arbeitet als Publizistin und ist Initiatorin des Verbandes »Wohnen mit Kindern e. V.«. Veröffentlichungen: ›Hat der Mann versagt?‹ (1971), ›Kinderfreundliche Erziehung in der Stadtwohnung‹ (1973, Neuauflage 1983, Fischer Taschenbuch Bd. 3330), ›Chancengleichheit durch Schulreform‹ (1974), zusammen mit Renate Alt-Rosendahl ›Wohnen und Spielen mit Kindern – Alternativen zur familienfeindlichen Architektur‹ (1976), ›Auf dem Weg in die kinderlose Gesellschaft‹ (1979), zusammen mit Judith Jannberg ›Ich bin Ich‹ (1980, Fischer Taschenbuch Bd. 3735); außerdem ›Wohnen mit Kindern – heute und morgen‹ (1986, Fischer Taschenbuch Bd. 3367).

Elisabeth Dessai

Erziehung ohne Elternstreß

Wie Eltern und Kinder
besser miteinander auskommen

Fischer
Taschenbuch
Verlag

22.–23. Tausend: März 1990

Ungekürzte Ausgabe
Veröffentlicht im Fischer Taschenbuch Verlag GmbH,
Frankfurt am Main, Dezember 1984

Lizenzausgabe mit freundlicher Genehmigung
des Kindler Verlages GmbH, München
© Copyright 1981 by Kindler Verlag GmbH, München
Umschlaggestaltung: Jan Buchholz/Reni Hinsch
Umschlagfoto: Art Reference
Gesamtherstellung: Clausen & Bosse, Leck
Printed in Germany
ISBN 3-596-23351-8

Inhalt

Zu diesem Buch

> Wer sein Kind liebt,
> braucht es nicht zu erziehen
> (Indische Weisheit)

»Was machen die deutschen Mütter eigentlich den ganzen Tag über?« Atasi, meine indische Freundin, die unter äußerst schwierigen ökonomischen Bedingungen sechs Kinder aufzieht, stand staunend vor gefüllten Supermarkt-Regalen und perfekt mechanisierten Küchen: »So ein bequemes Leben möchte ich auch einmal führen!«

So wie sie stehen fast alle unsere Gäste aus Ländern, in denen Kinderreichtum und Versorgungsengpässe die Regel sind, vor einem Rätsel, wenn sie bei uns erleben, daß junge Eltern über Streß klagen und meinen Rat suchen, weil sie mit den Belastungen durch ›nur ein Kind‹ nicht mehr fertig werden.

Was für eine Erklärung gibt es für diesen Zustand, den Atasi absurd nennt? Was macht Kindererziehung bei uns so schwierig? Was verursacht den Streß?

»Ich bin abends manchmal fix und fertig!« erklären mir Mütter (und Hausmann-Väter) und wollen im gleichen Atemzug wissen, was sie noch alles tun können für die optimale Entwicklung ihres Kindes. Die »bewußt erziehenden« Eltern sind pausenlos im Einsatz. Sie besuchen Erziehungsseminare, informieren sich über die neuesten wissenschaftlichen Erkenntnisse und lassen keine ›empfohlene Fördermaßnahme‹ aus.

Noch nie wurde mit der Kindererziehung ein so großer (wissenschaftlicher) Aufwand betrieben wie heute. Ganze Heerscharen von ›Experten‹ sind damit beschäftigt, Eltern unterschiedlich anzuweisen, widersprüchlich zu begutachten und einmütig zu immer neuen Opfern anzustacheln.

»Was kann ich noch tun für mein Kind?« Die Eltern, die mich mit dieser Frage bedrängen, rackern sich bereits unermüdlich ab. Ihre Kinder sind nervös. Sie brauchen ›Behandlung‹. Ihre Kinder sind aggressiv. Ich soll Maßnahmen anraten. Maßnahmen zur Beseitigung der Folgen von Maßnahmen.

»Die Erziehung in diesem Lande ist geprägt von einer Sehnsucht nach dem rechteckigen Kind, das man optimal handhaben und platzsparend aufräumen kann«, sagt meine brasilianische Freundin Maria, »von morgens bis abends wird beobachtet und gefördert, gemessen und korrigiert. Sorgfältig wird jede Lebendigkeit als Verhaltensauffälligkeit registriert, einsatzwütig jede Individualität als Entwicklungsstörung behandelt.«

Außenstehende haben oft einen klareren Blick für die Krankheiten einer Gesellschaft als deren (infizierte) Mitglieder. Geraten Eltern bei uns deswegen in Erziehungsstreß, weil sie Unmögliches anstreben? Sind es die widernatürlichen Ziele, die Kindererziehung zu einer nervenaufreibenden Belastung machen? Wenn ja, wer fordert sie? Wem nützen sie?

Ist der Elternstreß unvermeidbar, oder kann man auch gelassener über die Runden kommen?

Unsere beiden Söhne sind jetzt knapp sechzehn und zwölf Jahre alt. Da wir noch eine Tochter adoptieren wollen, muß ich mich persönlich und konkret mit dieser Frage auseinandersetzen. Deswegen habe ich dieses Buch nicht als Expertin geschrieben, die Eltern sagt, was sie maximal alles tun können und wie sie es ›richtig‹ machen, sondern als Mutter, die sich fragt, was sie alles *nicht* zu leisten braucht, welche Mühen sie sich sparen kann und welche Sorgen überflüssig sind.

Im Mittelpunkt meiner Überlegungen steht der gewöhnliche Erziehungs*alltag*. Das Konzept, das ich für mich selbst und vielleicht auch zum Nutzen einiger Leser entwickelt habe, resultiert in erster Linie aus der Verarbeitung meiner persönlichen Erfahrungen mit den eigenen und vielen anderen Kindern.

Ich vertrete nur meine subjektive Meinung und verzichte darauf, den Anschein von Objektivität dadurch zu erwecken, daß ich, wie leider sehr viele ›Experten‹, die wissenschaftlichen Untersuchungen anführe, die sie belegen und jene weglasse, die sie widerlegen könnten.

Widmen möchte ich dieses Buch all den Lesern meines *Unorthodoxen Ratgebers* von 1973, die mir zustimmend oder kritisch geschrieben und mich zu einer Bilanz aufgefordert haben: Hat sich die ›freie‹ Kindererziehung bewährt? Was würden Sie heute ähnlich, was anders machen?

I. Geborgenheit

Anand (15) hat als Baby tagsüber nur selten in seinem Bett gelegen. Nachdem ich bemerkt hatte, daß er immer dann besonders zufrieden war, wenn er die Geborgenheit der Nähe des jeweiligen Betreuers genoß, gewöhnte ich mir an, die Fachliteratur im Liegen mit dem Baby auf meinem Bauch oder hinter meinem Rücken durchzuackern. So kamen wir beide zu unserem Recht: Er hatte die menschliche Wärme, nach der er verlangte, und ich konnte konzentriert lesen.

Da ich an meiner Dissertation arbeitete, brauchte ich ein friedliches Kind, das sich wohlfühlt und nicht dauernd quengelt. Meine Streßsituation als Studentin in den letzten Semestern ließ eine Vernachlässigung des Babys nicht zu.

Zwei oder drei Jahre später entnahm ich der Literatur über Kinderpsychologie, daß ich ›Hautkontakt‹ vermittelt hatte, und daß der sogenannte Hautkontakt eine der wichtigsten Voraussetzungen für eine gesunde emotionale Entwicklung des Kindes sei.

Außer meinem Mann und mir gab es noch zwei weitere ›Hautkontaktspender‹ in unserer Wohnung. Die Studentin ›Nunu‹ und ihr Freund ›Wawi‹ haben das Babysitten, zu dem sie für das kostenlose Zimmer in unserer Vierzimmerwohnung verpflichtet waren, nie als lästigen Job aufgefaßt und den Kleinen, den sie in ihr Herz geschlossen hatten, auch außerhalb der ›Dienstzeit‹ zu sich geholt. Und am Wochenende erschienen Nunus Eltern, um sich den Wahlenkel für Spaziergänge und Fahrten ins Grüne auszuleihen. Neben diesen vier bzw. sechs Haupt-Bezugspersonen gab es noch ein halbes Dutzend Studenten, die bei uns ein und aus gingen und bald gelernt hatten, wie man ein Baby auf dem Schoß hält.

Anand war immer dabei, wenn wir mit Besuchern Gespräche – auch Fachgespräche – führten. Er wanderte von einem Arm auf den anderen, und die Schutzdecke wurde von einem Schoß zu dem anderen weitergereicht. Wenn er nach dieser Geselligkeit das Alleinsein in seinem Kinderbettchen genoß, hatte ich im wörtlichen Sinne freie Hand, um die Niederschrift meiner Dissertation ungestört fortzusetzen.

Der Hautkontakt, der bei uns damals beiläufig und ohne Theorie ›vermittelt‹ wurde, wird von den jungen Eltern unseres Bekanntenkreises ganz bewußt als ›Fördermaßnahme‹ mit eingeplant. Sie halten sich an die Anweisungen ihrer Erziehungsratgeber und erbringen gewissenhaft ihre zwanzig oder dreißig Minuten »Baby auf dem Bauch« als erzieherische Leistung für die optimale Entwicklung des Kindes. Nachdem das Baby gebadet, gewickelt und gefüttert worden ist, erhält es seine tägliche Portion »Körperkontakt«.

Dieses planmäßige Leisten widerstrebt mir. Wenn man Zeit »opfert«, läuft man zu leicht Gefahr, sich edel zu fühlen und eines Tages dem Kind, dem man so viel gegeben hat, Undankbarkeit vorzuwerfen. Bei unserer eventuellen Adoptivtochter möchte ich lieber wieder die zufälligen Umstände nutzen und sie mit Schmusekontakten zufriedenstellen, die ohne Aufwand und »Engagement« beiläufig abfallen.

Als Ravi (11) klein war, haben wir von dem glücklichen Zufall profitiert, daß sich der junge Ausländer, den wir aus privaten Gründen aufgenommen hatten, als geborener Babysitter entpuppte. Ob er einkaufen ging oder las, ob er einen Spaziergang machte oder Tee kochte – Ravi lag an seiner Schulter. Er nahm das Baby, in das er vernarrt war, mit in die Badewanne, und oft genug holte er es nachts in sein Bett. Wir haben die beiden gelassen und uns entlastet unserer Berufsarbeit gewidmet.

Wenn man anderen (etwa der Oma) gestattet, sich intensiv dem Kleinkind zu widmen, kann es leicht vorkommen, daß das Kind zeitweilig mehr dieser Bezugsperson zuneigt als den Eltern. Wer das nicht verkraften kann, muß notwendigerweise selbst mehr Geborgenheit und Zuwendung geben. Nach meinen Beobachtungen ist das Ausmaß der gewährten »Körperkontakte« heute zwar größer als vor fünfzehn Jahren, jedoch bei weitem nicht ausreichend, um ein Kind sicher und glücklich zu stimmen. Man braucht nur einen Blick über die Grenzen unseres Kontinents zu werfen, um sich bewußt zu werden, wie abgesondert und abgestellt Babys hier aufwachsen im Vergleich zu denen, die monatelang am Körper getragen werden.

Unsere Adoptivtochter soll mit menschlicher Wärme noch mehr »überversorgt« werden als unsere beiden ersten Kinder, deren »Verwöhnung« damals oft kritisiert worden ist; denn zufriedene Kinder sind keine anstrengenden Kinder.

Deswegen legen wir sie nicht ins Bett und warten, bis sie schreit, um dann hektisch zu ihr zu eilen, sie auf den Arm zu nehmen und, sobald sie sich beruhigt hat, erleichtert wieder abzulegen. Es strengt nicht an, ein Baby während der Arbeit auf dem Rücken zu tragen. Weder beim Einkaufen noch beim Kochen, weder beim Spazierengehen noch beim Rasenmähen behindert das angegurtete Leichtgewicht.

Da es mich nervös machen würde, wie ein Roboter nach Plan zu verfahren und da ich nicht darauf aus bin, mir unnötig viel Arbeit zu machen, plane ich keine »dreißig Minuten Hautkontakt« als Leistung mit ein und lege mein Baby nicht »regelmäßig nach dem Mittagessen« oder »täglich vor dem Schlafengehen« auf meinen Bauch, sondern nehme es immer dann zu mir, wenn ich sowieso lesend auf der Couch oder auf dem Boden liege.

Wenn wir Skat spielen, kann das Kleinkind, ohne uns zu »stören«, von Schoß zu Schoß wandernd immer an dem hängen, der verteilt hat und aussetzt.

Mein Mann kann das Baby beim Bügeln auf dem Rücken tragen, Ravi kann es bei sich haben, wenn er Karl May studiert, und Anand zerbricht nicht, wenn er beim Einkaufen einige zusätzliche Kilo transportiert.

Gänzlich ohne Arbeitsaufwand kann man dem Kind Geborgenheit geben, wenn man es im Elternbett schlafen läßt.

1. Unser Kind darf so oft und so lange wie es will im Elternbett schlafen

Hanna (4) will abends partout nicht in ihrem hübschen Kinderzimmer einschlafen. Immer wieder schleicht sie heimlich ins Elternschlafzimmer. Aber ihre Eltern mögen nicht dulden, daß die Vierjährige im großen Bett schläft oder auch nur einschlummert. Sie stellen sich auf den Standpunkt, daß ihre Tochter dafür zu groß sei: »In ihrem Alter muß ein Kind in seinem Zimmer schlafen.«

Abend für Abend findet deswegen ein aufwendiges Erziehungstheater statt. Um acht Uhr wird Hanna in ihr Bett gebracht. Sie erhält einen Gutenacht-Kuß und verspricht, in ihrem Zimmer zu bleiben. Zwanzig Minuten später sieht die Mutter nach: Hanna ist bereits umgezogen. »Ruhig, aber bestimmt« wird sie veranlaßt, sich aus dem großen Bett wieder in ihr eigenes zu begeben. Nach weiteren zwanzig Minuten sieht die Mutter wieder nach: Das Kinderbett ist leer. Erregt treibt sie ihre Tochter aus dem Elternschlafzimmer. Hanna folgt schluchzend. Aber sie hält es in der Einsamkeit nicht aus und schleicht ein drittes Mal aus ihrem Zimmer. Als die Mutter sie wieder im großen Bett erwischt, schreit sie los. Auch Hanna heult, aber hartnäckig verfolgt sie ihr Ziel weiter. Von dem letzten Rücktransport merkt sie nichts mehr; denn die Eltern müssen das Gebot der Nachtruhe beachten. Leise tragen sie das Kind, das zufrieden im großen Bett eingeschlafen ist, in sein Zimmer.

Nach einer Woche kommt es wegen Hanna zu einem Ehestreit. Die Mutter vermag nämlich nicht länger einzusehen, warum immer sie alle zwanzig Minuten vom Fernsehfilm aufstehen soll. Und der Vater muß endlich seine Kritik anbringen: Er findet es blamabel, daß man sich »so gehenläßt«. Wie eine wild gewordene Furie habe seine Frau sich in den letzten Tagen aufgeführt. Er werde ihr nun zeigen, wie man es richtig macht: in Güte streng.

Schon nach drei Abenden kann die Mutter ihm »lächerliches Versagen« nachweisen. Er hat nämlich in seiner Wut über das halsstarrige Kind nicht nur, die Nachbarn störend, herumgebrüllt, sondern sich sogar zu Schlägen hinreißen lassen.

Aber Hanna läßt sich nicht »erziehen«. Ihr »Starrsinn« bleibt auch nach den Schlägen ungebrochen. Bevor die Eltern ins Finale gehen, holen sie meine Meinung ein.

Sie sind baß erstaunt, als sie erfahren, daß Ravi (11) gerade im Elternbett eingeschlafen ist und daß unsere Kinder immer wieder einmal für einzelne Tage oder einige Wochen die Geborgenheit unserer körperlichen Nähe gesucht und wir darin nie einen Anlaß für Diskussionen oder gar Maßnahmen gesehen haben.

Wie wir uns dieses merkwürdige Verhalten erklären, wollen Hannas Eltern wissen. Aber wir suchen gar nicht nach Erklärungen, denn wir finden es nicht merkwürdig, daß Kinder ebenso wie liebende Erwachsene gern geborgen schlafen.

Warum glauben Hannas Eltern, daß ihre Vierjährige »zurückgeblieben« oder »psychisch gestört« sei? Ihre These resultiert aus der Beobachtung, daß in Deutschland alle Vierjährigen, sofern die räumlichen Möglichkeiten dies gestatten, in ihrem eigenen Bett schlafen. Daß sie das tun, beweist meines Erachtens jedoch nicht, daß sie das auch wünschen.

In vielen Ländern der Welt *müssen* Kinder, wie auch noch im letzten Jahrhundert in Europa, aufgrund der räumlichen Enge bei ihren Eltern schlafen. Leiden sie darunter?

Die elfjährige Schwester unseres früheren Pflegekindes Werner schläft noch heute zwischen Mutter und erwachsener Schwester. Sie leidet darunter, daß es in der kleinen Wohnung mit nur 75 Quadratmetern, in der früher zehn und jetzt noch sieben Personen leben, keinen ruhigen Platz gibt, an dem sie Schulaufgaben machen kann. Aber das Schlafen im großen Bett genießt sie. Wahrscheinlich denkt sie in zwei Jahren anders, aber wenn man ihr heute einen großen Bungalow in Aussicht stellte unter der Bedingung, daß sie sich verpflichtet, kein einziges Mal mehr unter Mutters Decke zu kriechen, würde sie sicher zögern.

»Wenn unsere Eltern ausgingen, durften wir, sozusagen als Entschädigung, in ihren Betten schlafen«, erinnern sich sehr viele Leute meiner Generation, »das war einfach köstlich.«

Ich frage Hannas Eltern, ob sie irgendwelche Unannehmlichkeiten haben, wenn sie dem Geborgenheitsbedürfnis ihrer Vierjährigen nachgeben. Wir haben es gern, wenn sich Ravi bei uns einkuschelt und halbwach mit uns schmust. Da wir nicht dick sind, reicht der Platz; und im Winter weiß insbesondere mein Mann das vorgewärmte Bett zu schätzen. Das Kind stört nicht, wir bringen keine »Opfer«.

Woher wollen Hannas Eltern wissen, ab wann das »normale« Kind am liebsten allein schläft? So wie das arme Kind dazu gezwungen wird, bei den Eltern zu schlafen, wird das Wohlstandskind angewiesen, das eigene Bett zu benutzen. Eine freie Entscheidung scheint es nicht zu geben. Um zu ermitteln, was »normal« ist, müßte man jede Manipulation unterlassen. Wo aber sind die für eine repräsentative Erhebung mindestens benötigten zweitausend Familien, in denen das Schlafverhalten des Kindes in keiner Weise gelenkt wurde?

Da es sich also nicht nachweisen läßt, welches Verhalten für Kinder in welchem Alter »normal« ist, müssen wir uns bei unserer Entscheidung auf unser Gefühl verlassen. Und unser Gefühl sagt uns, daß das Bedürfnis nach menschlicher Wärme nicht nur im Kindesalter »normal« ist.

Unsere beiden Großen sind nicht frei von manipulativen Vorgaben aufgewachsen. Schon allein dadurch, daß wir sie als Kleinstkinder abends in *ihr* Bett gelegt haben, sind sie vorprogrammiert worden. Sie wußten: Man erwartet von mir, daß ich die Nacht in meinem Zimmer verbringe. Nur sehr selten haben wir gesagt: »Wenn du möchtest, kannst du auch bei uns schlafen.« Wir haben es lediglich im Gegensatz zu Hannas Eltern unterlassen, dem Kind das Schlafen bei uns zu verwehren. Während wir nichts dagegen unternommen haben, daß sie sich bei uns einschmusten, haben wir viel dafür unternommen, daß sie in ihrem eigenen Bett schliefen.

Unserer Tochter werden wir es nicht nur nicht verwehren, daß sie sich zwischen uns legt, wir werden sie ausdrücklich dazu ermuntern, ihren Schlafplatz frei zu wählen. Daß menschliche Nähe Zufriedenheit auslöst, haben wir bei den beiden Großen immer wieder erfahren. Warum sollten wir die Versorgung mit Geborgenheit in gekünstelter Weise ähnlich wie die Versorgung mit Nahrungsmitteln nach Plan ableisten und die Möglichkeiten, die mit keinerlei Arbeit verbunden sind, auslassen?

Ein Bett bekommt unsere Tochter ohnehin nicht. Aus reiner Gedankenlosigkeit (Imitation der Umwelt) haben wir für Anand 1965 ein Gitterbett gekauft. Wenn sie auf einer Matratze auf dem Boden liegt, kann sie weder »aus dem Bett fallen« noch sich an den Scharnieren verletzen oder ihren Kopf zwischen den Stäben einklemmen. Sobald sie krabbelt, ist sie unabhängig und kann ihre Liegestätte nach Belieben aufsuchen und verlassen.

Als Hanna anfing, sich abends aus ihrem Zimmer zu schleichen, haben die Eltern ihren Erziehungsratgeber konsultiert. Der sagte, daß es eine unnötige Grausamkeit sei, Kinder dazu zu zwingen, im Dunkeln einzuschlafen. Deswegen installierten sie eine Nachtleuchte.

Ich wies sie darauf hin, daß vor zehn, fünfzehn Jahren, als unsere Kinder klein waren, noch eine andere »Wahrheit« galt. Damals wurde uns geraten, das Licht im Kinderzimmer konsequent auszuknipsen: »Das Kind muß beizeiten lernen, seine Angst zu überwinden.«

Ebenso wie wir uns damals auf unser Gefühl verlassen und die in Ratgebern vorherrschende Meinung ignoriert haben, werden wir auch im Hinblick auf das geborgene Schlafen nach unserem eigenen Empfinden entscheiden.

Hanna ist aus ihrem Zermürbungskrieg erfolgreich hervorgegangen. Nachdem sie fast einen Monat lang Abend für Abend gewaltsam zurücktransportiert worden ist, schläft sie heute selig im großen Bett. Zu ihrem Glück haben sich die Eltern inzwischen mit einem Psychologen angefreundet, der die These vertritt, daß in unserer kalten technisierten Welt nur der schadlos bestehen könne, der in seiner Kindheit einen Überschuß an Geborgenheit empfangen habe. Deswegen plädiert er u. a. für sogenannte »Integrationsbetten« (gehobene Umschreibung für Ehebetten, die fünfzig Zentimeter breiter sind als normale und in denen ein unbeengtes Schlafen mit Kind möglich sein soll).

Dem modischen Klagen über die Kälte der technisierten Welt kann ich nicht viel abgewinnen, aber die Forderung, das Geborgenheitsbedürfnis des Kindes uneingeschränkt zu befriedigen, ist mir sympathisch. Ebenso wie der junge Mann, der Hannas Eltern konvertiert hat, sehe ich in dem Überschuß an Geborgenheit eine Art Polster, einen Vorrat, aus dem man Sicherheit schöpfen kann, wenn man einmal depressiv in einem Tief sitzt – ob im technikfreien Urwald oder in der Frankfurter City.

Hannas Eltern haben ihre alte Theorie gegen eine neue eingetauscht, aber ihre Haltung gegenüber dem Kind ist die gleiche geblieben: Nicht weil Hanna das Bedürfnis signalisiert, sondern weil ein »Experte« dazu geraten hat, gestatten sie nun das geborgene Schlafen. Und zwar »ganz bewußt«. Statt der Natur des Kindes und ihrem eigenen Empfinden zu vertrauen, befolgen sie Maximen. Nachdem sie wochenlang mit großem Aufwand dem Gebot »Vierjährige schlafen in ihrem Zimmer« gedient haben, erbringen sie nun ein Mehr an Geborgenheit als bewußte »Leistung«. Deswegen werden sie gekränkt und besorgt reagieren, sobald Hanna, des Eingekeiltseins überdrüssig, wieder das eigene Bett vorzieht.

2. Wir lassen unser Kind dort spielen, wo wir uns aufhalten

Unseren beiden Großen haben wir das Spielen in der Nähe der »Bezugspersonen« dadurch ermöglicht, daß wir die Zimmer unserer Etagenwohnungen umfunktioniert und das eigentliche »Wohnzimmer« für spielerische Aktivitäten freigegeben haben. Da wir wissen, daß alle kleineren Kinder den »Ruf«- und »Blickkontakt« suchen und deswegen nicht freiwillig in einem abgelegenen Zimmer spielen, berücksichtigen wir dieses elementare Bedürfnis und nehmen in unserem Haus für unsere Tochter einige Veränderungen vor. Unser sogenanntes indisches Zimmer, in dem allerlei zerbrechliche Sachen stehen und das mit achtzehn Quadratmetern kleiner ist als die meisten Salons des sozialen Wohnungsbaus, sperren wir ab. Der große Raum für alle ist so eingerichtet, daß er den kindlichen Lernprozeß des Begreifens durch Begreifen gut verträgt, nur in meinem Büro müßten einige Sachen hochgestellt werden.

Indem wir unsere Wohnung den Bedürfnissen des kleineren Kindes anpassen, ersparen wir uns unendlich viele Ermahnungen und Streitereien. Der Mühe, dem Kind die Natur abzudressieren und es in einem zehnjährigen Meckerprozeß daran zu gewöhnen, im sogenannten Wohnzimmer nichts anzufassen und immer hübsch isoliert in seinem Zimmer zu spielen, würde ich mich nie aussetzen wollen. Viele Eltern meinen, es lohne sich nicht, das Wohnzimmer zu einem robusten Allraum, in dem auch unvorsichtig gespielt werden darf, umzunutzen, weil die Kleinkindphase bald vorbei sei. Tatsächlich haben die meisten ihre Achtjährigen so weit, daß sie sich vorrangig in ihrem Zimmer aufhalten. Aber entspricht diese andressierte Isolierung den natürlichen Bedürfnissen acht- oder zehnjähriger Kinder? Alle Kinder unseres Bekanntenkreises, die nie aus dem Wohnzimmer verwiesen wurden (es sind leider nur ein gutes Dutzend), ziehen auch noch mit zwölf Jahren, ja mit sechzehn und achtzehn Jahren, die Geselligkeit im allgemeinen Aufenthaltsraum ihrem eigenen Zimmer vor.

Anand (15) liest neuerdings manchmal in seinem Zimmer, aber Ravi (11) nutzt sein Zimmer höchstens eine halbe Stunde täglich. Meistens hat er abends die Jalousien noch nicht hochgezogen, weil er sein Zimmer noch gar nicht betreten hat. Seine Schulaufgaben macht er nicht an seinem wunderschönen Schreibtisch mit Blick auf den Garten, sondern am Eß- und Spieltisch mit Blick auf den Herd. Ich glaube den Architekten, die für sich selbst große Häuser mit separatem Kindertrakt bauen, nicht so recht, wenn sie ihre Planung mit dem demokratischen Wunsch, den Kindern einen »eigenen freien Entfaltungsraum« zu geben, begründen. Und wenn Eltern ihre Kinder in das Kinderzimmer schicken, »damit sie eigenständig werden«, beschleicht mich jedes Mal der Verdacht, daß sie nur eine Rechtfertigung suchen für den Wunsch, die Kinder los zu sein. Ein Kind, das allein sein *will,* wird schon von sich aus die Ruhe des eigenen Zimmers aufsuchen. Es braucht dazu nicht angehalten zu werden.

Warum wird die Nähe des spielenden Kindes als störend empfunden? Wahrscheinlich, weil

1. Eltern befürchten, daß es empfindliche Sachen beschädigt. Jeder hat in seinem Haushalt empfindliche Gegenstände, ob es der wertvolle Teppich ist oder die Stereoanlage. Wenn man nicht möchte, daß diese Kostbarkeiten Schaden nehmen, muß man entweder den Raum umgestalten oder aber

das Kind aus dem Raum verweisen. Das Abschieben des Kindes würde ich schon allein mit Rücksicht auf meine Nerven nie in Erwägung ziehen. Warum sollte ich mir die Strapaze aufhalsen, das Kind, das in meine Nähe will, Tag für Tag und immer wieder wegzuschicken? Ich möchte keine »blöde Meckerziege« (Sechs- und Zehnjährige über ihre unermüdlich »erziehende« Mutter) werden, also schaffe ich durch einige Veränderungen die Voraussetzungen dafür, daß mein Kind dort spielen kann, wo ich mich aufhalte.

2. Eltern stört die Unordnung, die das spielende Kind mit seinen Legos und Malutensilien verbreitet. Diese Unordnung ist dann störend, wenn sie im Wohnzimmer stattfindet, in dem man abends gepflegt ein Glas Wein trinken möchte und in das man (unangemeldete) Gäste bittet. Ich kann unseren »guten« Raum absperren, weil er der kleinste ist und im Raum für alle neben der Küche Toben und Kleckern keine Probleme verursacht. Als Mieter sind wir auch schon mehrere Jahre mit einer nur zwölf Quadratmeter großen »Guten Stube« ausgekommen. Man sitzt dann mit Gästen ein bißchen enger, dafür um so gemütlicher.

3. Das Kind stört, weil es dauernd Fragen stellt. Vor dieser Störung werde ich mich durch keine wohnungsorganisatorische Maßnahme schützen können. Ich muß sie in Kauf nehmen.

Daß nicht berufstätige Hausfrauen und Hausmänner sich durch das »pausenlos fragende« Kind gestört fühlen, verstehe ich nicht; denn bei manuellen Hausarbeiten wie Kochen und Putzen kann man sich ohne Schwierigkeiten gleichzeitig unterhalten. Da ich wie auch andere Architekten, Wissenschaftler und Journalisten in »Heimarbeit« berufstätig bin, ist es für mich objektiv eine Störung, wenn ich durch fragende Kinder unterbrochen werde.
Aber diese Belastung ist verkraftbar. Einerseits ist die Unterbrechung nicht *nur* Störung, sondern auch Abwechslung, und andererseits ist das Überspringen von Unterbrechungen zum Teil reine Trainingssache. Auf jeden Fall ist es das »kleinere Übel«.
Leute, die sich darüber wundern, daß meine Bürotür, die zum Allraum neben der Küche führt, ständig offen steht, übersehen, daß ich vor allem auch mein eigenes Wohl im Auge habe. Insgesamt gesehen hat man nämlich viel weniger Arbeit mit

Kindern, wenn man ihrem natürlichen Bedürfnis nach Nähe und Kontakt nachgibt.

So sieht der Nachmittag von Hannas Mutter aus: Nach dem Mittagessen setzt sich die Lehrerin in ihr Arbeitszimmer, um Hefte zu korrigieren. Die Vierjährige ist dann angewiesen, in ihrem Zimmer zu spielen. Schon das Wegschicken ist mit langen Sermonen und umständlichen Ermahnungen verbunden.

Da Hanna sich einsam und abgeschoben fühlt, ist sie innerlich unzufrieden. Apathisch bewegt sie ein paar Bauklötzer hin und her und rennt dann in das Arbeitszimmer, um die Mutter aufzufordern, ihr Werk anzusehen. Denn das hatte sie versprochen: »Wenn du etwas Schönes gebaut hast, rufst du mich, damit ich es bewundern kann.« Also erhebt sich die Mutter und begibt sich in das Kinderzimmer, um die miserable Konstruktion zu begutachten. Da sie ihre Ruhe braucht, sagt sie: »Das hast du aber fein gemacht. Nun mal weiter so!« Hanna denkt sich ihren Teil.

Wenig später steht die Vierjährige hinter dem Stuhl der Hefte Korrigierenden: »Ich weiß nicht mehr, was ich noch machen soll.« Freundlich, aber bestimmt erklärt die Mutter: »Du gehst jetzt in dein Zimmer. Und in einer Stunde, wenn ich fertig bin, spielen wir etwas zusammen.«

Hanna aber möchte nicht noch eine Stunde allein sein. Leise bringt sie ihre Bauklötzer ins Arbeitszimmer. Zufrieden widmet sie sich dem Hausbau – bis die Mutter sie bemerkt und ärgerlich aufspringt: »Ich habe dir doch gesagt, daß du ...! Räum sofort die Sachen weg!«

Als sie schließlich mit dem Korrigieren fertig ist und sich die Stunde des gemeinsamen Spiels naht, sind beide bereits mißlaunig.

Hannas Mutter hätte viel weniger Nervenplage, wenn sie den großen der Küche zugeordneten Raum nicht als repräsentativen Salon, sondern als allgemeines Arbeits- und Spielzimmer nutzte und das Kinderzimmer als kleines, aber feines Wohnzimmer. Da sie aus Prestigegründen nicht darauf verzichten mag, Gästen ein sehr großes Wohnzimmer anzubieten, empfehle ich ihr, die Hefte entweder im Kinderzimmer zu korrigieren oder aber das Spielen in ihrem Arbeitszimmer zu gestatten. Dann müßte sie zwar gelegentlich eine Frage beantworten, aber das Kind würde, da es sich geborgen fühlt, die Bauklötzer mit voller Konzentration aufschichten und schon allein deswegen weniger »stören«.

Unterbrechung ist nicht gleich Unterbrechung. Wenn Ravi (11), der auf der Couch in meinem Büro ein Kreuzworträtsel löst, nach der europäischen Hauptstadt mit sechs Buchstaben fragt, schlage ich London vor und arbeite weiter. Diese Störung ist eine geringfügige Belästigung im Vergleich zu den Störungen, mit denen unzufrieden quengelnde Kinder ihre Eltern überfallen.

Anand (15) hat seine bemerkenswerte Konzentrationsfähigkeit meiner Einschätzung nach im Kleinkindalter erworben. Da er immer sozusagen zu unseren Füßen spielen und arbeiten durfte, konnte er sich, unbelastet von der Empfindung, abgeschoben zu sein, ganz konzentriert den selbst gestellten Aufgaben widmen.

So oft stören Kinder, die die Geborgenheit der Nähe genießen, gar nicht. Von Ravi, der in meinem Büro liest, höre ich oft drei Stunden lang keinen Mucks. Er ist ganz in sein Buch vertieft. Da er sich der Lektüre widmet, könnte er sich rein theoretisch ebensogut in seinem Zimmer aufhalten. Neugierig »teste« ich ihn manchmal. Dann meint er: »Das kann man irgendwie nicht so richtig erklären. Aber irgendwie ist es viel schöner, wenn du da sitzt und die Schreibmaschine klappert.« Wenn sie längere Zeit nicht geklappert hat, setzt er sich plötzlich auf meinen Schoß und stellt den Motor aus: »Dir fällt wohl nichts mehr ein. Wetten, du brauchst ein Küßchen zur Stärkung?!« Dann widmet er sich wieder seinem Buch oder seinem Spiel.

Die Störungen, die von dem sich geborgen fühlenden Kind ausgehen, sind meist angenehmer und nur selten enervierender Natur. Und sie sind kurz. Was für ein Aufwand wäre es für mich, alle zwanzig Minuten durch das Haus zu rennen, um mir anzusehen, wie weit die gequälten Malereien meiner Adoptivtochter in ihrem einsamen Kinderzimmer gediehen sind! Viel bequemer ist es für mich, ab und zu vom Schreibtisch aus einen Blick auf die Werke zu meinen Füßen zu werfen.

Wenn ich unsere Tochter in meinem Büro spielen lasse, trage ich nicht nur ihrem Bedürfnis nach Geborgenheit Rechnung, sondern auch meinem Wunsch, ein zufriedenes Kind zu haben, das meine Nerven nicht mit Quengeleien strapaziert.

Viele Mütter, die – nicht berufstätig mit nur einem Kind – über ›totale Erschöpfung‹ klagen, werden durch den minuziösen Haushalts- und Erziehungsplan, den sie sich aufgestellt haben, daran gehindert, einfache und praktische Lösungen zu finden. Hausmann Thomas ist eine geradezu typische Mutter.

Bis elf Uhr erledigt er die Putz- und Aufräumarbeiten. Während er wischt und staubsaugt, darf der Sohn nicht stören. Deswegen ist er angewiesen, schön brav in seinem hübschen Zimmerchen zu spielen. Da ihn die zweistündige Isolation überfordert, erscheint er immer wieder mit Fragen beim Vater, der im Wohnzimmer die Schränke poliert. Thomas schickt ihn zurück, zuerst freundlich, dann gereizter.

Punkt elf steckt Vati seinen Kopf durch die Kinderzimmertür: »Hallo, Liebling, jetzt spielen wir was zusammen!« Der Zweieinhalbjährige spielt bereits. Immer wieder abgewiesen, sucht er seit einer knappen Stunde nach der Lösung seiner Aufgabe für Alleinspieler. Während er vorher beim Staubsaugen nicht stören durfte, wird er nun seinerseits gestört. Er muß sein Spiel abbrechen, denn Vati hat beschlossen, sich seinem Kind zu widmen. Täglich von elf bis zwölf Uhr hat Thomas ›Zeit für das Kind‹. Ganz ›bewußt‹ hat er diese Spielstunde mit eingeplant; denn er weiß: Kinder brauchen Zuwendung.

Punkt zwölf beginnt Thomas mit dem Kochen. Sein Sohn muß nun wieder ins Kinderzimmer. Die Vorbereitung des Mittagessens verlangt die volle Konzentration, meint Thomas, und verwehrt seinem Kind den Zutritt zur Küche, weil dort unzählige Gefahren lauern.

Nach dem Mittagessen und dem halbstündigen Mittagsschläfchen widmet er sich wieder eine Stunde seinem Kind.

Ich habe Thomas vorgeschlagen, an der Volkshochschule einen Spanischkurs zu belegen und das Arbeiten im Haushalt mit der Kinderbetreuung zu verbinden. Statt den Kleinen wegzuschikken, könnte er sich beim Abreiben der Schränke mit ihm unterhalten. Statt ihn aus der Küche zu verweisen, könnte er ihn teilhaben lassen an der Essensvorbereitung und gleichzeitig Unfällen dadurch vorbeugen, daß er den Jungen mit den Gefahren des Herdes vertraut macht.

Müßte er spanische Vokabeln pauken, käme Thomas sicher nicht auf die Idee, seinen Sohn, der in ein Spiel vertieft ist, zu unterbrechen, um die Stunde Gemeinsamkeit abzuhalten. Er wäre vielmehr froh, daß der Kleine beschäftigt ist, und würde die Gelegenheit nutzen, sich seinem Spanischkurs zu widmen.

Regines Eltern sind beide voll berufstätig. Morgens bringt der Vater die Dreijährige in die Tagesstätte, gegen halb fünf Uhr holt die Mutter sie dort ab. Auf dem Heimweg kaufen sie ein. Die Mutter hetzt nicht durch den Laden, damit sie abends noch

»Zeit für das Kind« hat. Sie betrachtet das Einkaufen selbst als Zeit der Kinderbetreuung. Gelassen schiebt sie den Wagen von Regal zu Regal und erörtert mit ihrer Tochter ausführlich die Vor- und Nachteile des Einkaufs von Dosengulasch oder frischem Fleisch. Sie erklärt der Dreijährigen, warum es billiger ist, die Ein-Kilo-Packung für drei Mark statt der Ein-Pfund-Packung für zwei Mark zu kaufen. Außerdem erwartet sie, daß das Kind Vorschläge macht für das Abendmenü.

Auf dem Heimweg hört sie sich in aller Ruhe an, wer sich im Kindergarten mit wem verbündet hat und welches Kombinationsspiel besonders interessant war. Zu Hause angekommen, bereiten beide das Abendessen vor, wobei Regine schon kräftig »hilft«.

Da die Wohnung tagsüber nicht genutzt worden ist, gibt es nicht viel zu putzen. Auf jeden Fall findet die Dreijährige es aufregend, den Staubsauger anzustellen und damit über den Teppich zu fahren.

Nach getaner Arbeit legen sich Mutter und Tochter zusammen in die Badewanne, und zwar nicht nur, um Energie zu sparen. Gegen sieben Uhr kommt der Vater nach Hause. Die Familie ißt. Während der Vater den Tisch abräumt, liest die Mutter im Wohnzimmer eine Illustrierte. Dabei hat sie Regine auf dem Schoß.

Da Regines Eltern nicht fernsehen, sondern abends lesen, Schach spielen und ihre Berufsprobleme besprechen, braucht das Kind nicht um acht Uhr aus dem Wohnzimmer entfernt zu werden. Regine ist während der Gespräche dabei und schläft irgendwann mit dem Kopf auf Vaters Knie ein. Dann wird sie in ihr Bett getragen.

Regine entbehrt keine Geborgenheit, und die berufstätigen Eltern fühlen sich als Kindererzieher auch nicht gestreßt. Vormittags und nachmittags ist Regine in der Kindergruppe, abends wird sie zu Hause weder abgeschoben noch gereizt angeschrien. Das Geheimnis der gut funktionierenden Organisation ist, daß die Eltern Hausarbeit und Kinderbetreuung nicht trennen und keinen fixen Vorstellungen über das Zubettgehen anhängen.

Wenn Regine nach dem Abendessen etwas erzählen will, müssen die Eltern von ihrem Buch aufschauen. Sie sind unterbrochen worden, aber diese Unterbrechung wird anders als die Quengelei, mit der Hanna ihre Mutter beim Korrigieren der Schulhefte nervt, nicht als Störung empfunden.

Daß Störung nicht gleich Störung ist, kann jeder Lehrer bestätigen. Der vorlaute Schüler, der eine Lösung in die Klasse ruft oder spontan einen Witz macht, stört zwar auch, aber er strapaziert die Geduld des Unterrichtenden nicht annähernd so stark wie der Schüler, der mutwillig Krach macht und es ganz bewußt darauf anlegt, ihn zu irritieren.

Wenn Hanna mit ihren Quengeleien auch nicht so bewußt handelt wie ein Schüler, der den Unterricht willentlich stört, so übt sie doch Rache dafür, daß ihr Nähe und Geborgenheit vorenthalten werden. Seitdem sie begriffen hat, daß sie bei Krankheiten eine besondere Fürsorge erhält, hat sie dauernd »Bauchschmerzen«, wenn sie isoliert in ihrem Zimmer spielen muß. Bei minimalen »Verletzungen« rennt sie in das Arbeitszimmer der Mutter, um sich den Finger »pusten« zu lassen.

So wie mir als Lehrer die Störung durch den vorlauten Schüler weitaus lieber wäre als die durch einen aggressiven, fällt es mir als Mutter leichter, mitten in einem Kapitel die Frage nach der Bahn von Sonne oder Mond zu beantworten, als die Aggressionen eines frustrierten unglücklichen Kindes auszuhalten. Deswegen handele ich in meinem eigenen Interesse, wenn ich meinem Kind erlaube, dort zu spielen, wo ich mich aufhalte.

3. Indem wir unserem Kind die Spiele beibringen, die wir selbst gern spielen, sorgen wir dafür, daß wir die Beschäftigung mit dem Kind nicht als Arbeit empfinden

In ihren ersten Lebensjahren haben wir uns mit unseren Kindern »beschäftigt«, wenn wir mit ihnen spielten. Ob wir uns insgeheim dabei langweilten, ein für Erwachsene viel zu simples Puzzle zusammenzulegen, oder mit gewollter Aufmerksamkeit an einem Bauklötzerspiel teilnahmen – wir *arbeiteten,* wir widmeten uns unseren Kindern. Mit Memory kam die Wende. Da kleine Kinder sich Anordnungen besser merken können als ältere Kinder und Erwachsene, waren sie mit etwa vier Jahren gleichwertige oder überlegene Partner. Damit wurde das Spiel auch für die Großen interessant.

Peu à peu haben wir ihnen die Gesellschaftsspiele beigebracht, die wir selbst gerne spielen. Mit sieben oder acht Jahren war Ravi so weit, daß er gegen uns beim Schach gewinnen konnte. Aber auch schon vorher ließ sich der Kampf gegen die Kleineren interessant gestalten, etwa indem die Großen ohne Dame oder mit nur einem Turm anfingen. Gegen Anand (15) haben wir heute nur eine Chance, wenn er vor Spielbeginn einen Springer entfernt.

Mindestens jeden zweiten Abend wird bei uns gespielt. Und niemand opfert sich dabei auf. Doppelkopf, Rommé oder Canasta sind uns meist schon nach einer Woche über. Auch die Gobang- und Mühle-Phasen währen selten lange. Monopoly, Börse und Cluedo, Risiko, Wirtschaft und Öl liegen seit über einem Jahr in einer tiefen Schublade. Nachdem Anand unserem Computer das Spiel Pebbles eingegeben hatte, haben wir oft stundenlang vor dem Bildschirm gesessen und unsere Züge per Knopfdruck umgesetzt. Aber das Spielen via Computer gefiel uns bald nicht mehr. Wir sitzen lieber am Tisch in einer Runde und im Zweierspiel lieber dem Partner gegenüber als neben ihm. Auf dem Computer spielen Ravi und seine Freunde Telespiele wie Autorennen oder das von Anand entwickelte »Katz und Maus«.

Die beiden tragenden Säulen unserer Gemeinsamkeit sind Skat und Billard. Billard gefällt mir besonders gut, weil man sich dabei entspannt unterhalten kann. Spielend werden Probleme viel gelassener und beiläufiger erörtert als während eines eigens dafür anberaumten Gesprächs im Wohnzimmer oder in einer gekünstelten sogenannten »Familienkonferenz«.

Am Billardtisch habe ich den Kindern vorgeführt, wie in unserer Gesellschaft die geringere Leistungsfähigkeit von Frauen vorprogrammiert wird. Anfangs haben wir Paar gegen Paar gespielt. Dieser Aufteilung lag die Annahme zugrunde, daß Frauen schlechter sind und sich Ausgewogenheit deswegen nur dadurch herstellen läßt, daß jeweils eine (schwache) Frau einem (starken) Mann zugeordnet wird. Das Paarspielen hat sich aber nicht bewährt. Besonders wenn das Paar ein Ehepaar war, fing der Mann meistens sofort an, seine Partnerin zu belehren und durch kluge Tips nervös zu machen. Diese unerfreulichen Erfahrungen haben mich dazu veranlaßt, das Spielen von »Frauen gegen Männer« einzuführen. Zu Beginn des ersten Versuches log ich, daß wir das schon länger so machen und bisher noch nie die Männermannschaft gewonnen habe. Das fanden die Herren lachhaft, aber verunsichert waren sie doch. Prompt verloren sie. Inzwischen spreche ich die reine Wahrheit, wenn ich vor jedem Spiel in aller Freundlichkeit verkünde, daß es noch nie vorgekommen sei, daß die Frauen geschlagen wurden. Staunend sehen unsere Kinder zu, wie ich, die ich nur mittelmäßig bin, mit meiner Partnerin, die noch nie einen Billardstock in den Händen gehalten hat, gegen die beiden Männer, die in ihrer Freizeit regelmäßig trainieren, lässig gewinne. Und zwar jedes Mal, egal wer die Männer sind und welche Partnerin ich habe. Ausnahmslos tritt das Gesetz der sich selbst erfüllenden Prophezeiung in Kraft. Ich suggeriere den Männern, daß sie auf aussichtslosem Posten stehen und rede den Frauen ein, daß schon die Art, wie sie sich über den Tisch beugen, von einer ungemeinen Naturbegabung zeuge.

Indem ich völlig ungeübte und auch unbegabte Frauen durch pausenlose Bestätigung und unermüdliche Ermunterung zu rapiden Fortschritten befähige, führe ich den Kindern gleichzeitig vor, wodurch sie selbst zu ihrem gesunden Selbstvertrauen gelangt sind.

Das Billard-Experiment, an dessen Gelingen außer mir anfangs niemand glauben mochte, hat den Anstoß für zahlreiche gesellschaftspolitische Diskussionen in der Familie geliefert. Wenn Anand sieht, daß sich unter den Gewinnern des Bundeswettbewerbs Mathematik nur ein einziges Mädchen befindet, dann findet er dafür viele Erklärungen, jedoch nicht die, Mädchen seien weniger begabt.

Bei anderen Spielen machen wir andere Experimente mit Freunden und Bekannten. Aber wenn wir unter uns sind, spielen wir nicht mit der Absicht, etwas zu lernen, sondern »nur« um uns zu vergnügen. Wir spielen nicht mit den Kindern Schach, um ihr logisches Denken zu stärken, und wir klopfen nicht Skat, weil in einer guten Familie Eltern etwas gemeinsam mit den Kindern tun. Wir erbringen keine »Leistung« zum Wohle des Kindes, wir »verwerten« sie als in der Wohnung anwesende und leicht greifbare Mitspieler. Von Arbeit kann keine Rede sein, geschweige denn von Aufopferung.

Da Gemeinsamkeiten nur dann nicht zur Last werden, wenn alle Beteiligten ihren Spaß dabei haben, werden wir versuchen, unsere eventuelle Adoptivtochter ebenso wie die beiden Großen für unsere eigenen Hobbys zu erwärmen.

Jörgs Eltern sind leidenschaftliche Radfahrer. Wenn ich sie am Sonntag mit ihrem Sohn losradeln sehe, weiß ich, daß hier nicht *auf Familie gemacht* wird. Andere unternehmen am Wochenende Radtouren in dem Bewußtsein, etwas für die Kinder tun zu müssen. Die einen verfolgen das Ziel ›sportliche Ertüchtigung‹, die anderen wollen dem Kind die Natur zeigen. Ihre Einsatzbereitschaft verdient zweifellos Anerkennung, aber ich selbst würde nicht radeln, wenn ich dazu keine Lust hätte. Bewußte Opfer stimmen leicht mißlaunig, und mit gereizten Eltern ist dem Kind wenig gedient.

Während die Eltern, die das Radeln verabscheuen und dennoch mit den Kindern Radtouren unternehmen, wenigstens abends in den Genuß eines ausgetobten, zufriedenen Kindes kommen, schaden diejenigen, die für das Wochenende lange strapaziöse Autofahrten ansetzen, sowohl dem Kind als auch ihren eigenen Nerven. Während der Fahrt stehen sie unter dem Streß des quengelnden Kindes, das in keiner Weise zu schätzen weiß, daß man ihm etwas »bietet«, und abends sind sie dann wütend über den verdorbenen Tag, der so viel Benzin gekostet hat.

Hannas Mutter macht sich und die Familie verrückt mit ihrer fixen Vorstellung, daß an den Wochenendunternehmungen auf jeden Fall beide Eltern beteiligt sein müßten. Spätestens am Donnerstag beginnt das Planen der obligatorischen Gemeinsamkeit zu dritt. Gegen seine Verplanung rebellierend, hat ihr Mann an jedem Vorschlag »etwas auszusetzen«. Es kommt vor, daß er, nachdem er den gemeinsamen Spaziergang stur verweigert hat, plötzlich seine Vierjährige an die Hand nimmt und sich mit ihr spontan ohne seine Frau auf den Weg macht. Da sie diese Flucht als bewußte Schikane empfindet, ist die Stimmung an der sonntäglich gedeckten Tafel explosiv.

Zu Hannas ›Familienplanung‹ gehört auch, daß man samstags oder sonntags einige Stunden gemeinsam in dem Wohnzimmer sitzt, aus dem Hanna aus Ordnungsgründen während der Woche ferngehalten wird, und ›sich unterhält‹. Dabei darf ihr Mann kein Buch neben sich haben oder gar mit dem Zauberwürfel spielen. Vielmehr soll er bei Tee und zartem Gebäck aufmerksam im Sessel sitzen und die Familienzeremonie etwa mit einer Frage an die Tochter eröffnen. Wenn er das nicht mit heiterer väterlicher Miene tut, ist der Rest vorprogrammiert: »Sind wir nun eine Familie oder nicht?!«

Durch diese gekünstelten und meist gereizt ertragenen Gemeinsamkeiten erfährt Hanna wenig Geborgenheit. Allen Beteiligten ginge es besser, wenn die Mutter sich von ihrer Zwangsvorstellung löste und sich und ihrem Mann das Recht auf Verschiedenartigkeit zubilligte. Sie besucht am liebsten Leute, er bleibt gern bastelnd zu Hause. Statt die Dreiergemeinschaft auf der Basis des doppelten Verzichts zu forcieren, könnte sie allein Freunde aufsuchen und Hanna mit dem Vater basteln lassen. Wenn sie Bekannte besucht, bei denen Kinder nicht stören, könnte Hanna mit der Mutter gehen. Anschließend gäbe es am Abendtisch Gesprächsstoffe, eine gemeinsame Unterhaltung, die nicht zwangsverordnet wäre.

Wenn Hannas Mutter am Sonntag den Nachbarn mit Frau (eingehakt) und zwei Kindern aus dem Hause gehen sieht, kommen ihr die Tränen. »Das ist eine wirkliche Familie«, wirft sie ihrem Mann vor. Der Nachbar erfüllt die Norm, die sie als allgemein verbindlich anstrebt. So wie sie erschweren sich unzählige Eltern das Zusammenleben, indem sie ihre individuellen Neigungen unterdrücken und sich und die Kinder in Gemeinsamkeitsrituale pressen, die sie für die Wahrzeichen einer ›echten‹ Familie halten.

Eines dieser Rituale ist der gemeinsame Urlaub der Familie. Warum muß der Mann mit nach Italien fahren, wenn er lieber in Schweden angelt? Warum muß die Frau sich im Norden sportlich betätigen, wenn sie lieber im Süden am Strand liegt? Ist es für die Partnerschaft nicht viel bekömmlicher, sich gelegentlich zu trennen und die individuellen Neigungen zu entfalten?

Wir spielen gemeinsam Skat, weil alle vier Familienmitglieder gerne Skat spielen. Aber ich bleibe am Zeichentisch, wenn mein Mann mit den Kindern einen Film sieht oder Tischtennis spielt. Warum sollte ich mich an etwas beteiligen, das mich nicht interessiert? Auch im Urlaub gehen wir oft getrennte Wege. Ich unternehme etwas, mein Mann ruht sich aus. Während ich die Gegend erforsche, vergnügt sich der Vater als »Alleinerzieher« mit den Kindern am Meer. Warum sollte ich von ihm verlangen, daß er sich – von seiner Berufsarbeit auch körperlich erschöpft – meinen strapaziösen Fußmärschen anschließt? Und warum sollte ich am Strand schmoren, wenn mich das Herumliegen innerlich nervös macht?

Viele Eltern unseres Bekanntenkreises können nur deswegen mit den Kindern nichts Gemeinsames unternehmen, weil sie ihre individuellen Jugendhobbys mit der Eheschließung aufgegeben haben. Sie könnten dem Kind weit mehr Geborgenheit geben, wenn sie es einzeln an den individuellen Lieblingsbeschäftigungen teilhaben ließen.

Da ich nicht zuletzt im Interesse des Kindes meine gute Laune erhalten möchte, werde ich auch mit unserer eventuellen Adoptivtochter vornehmlich die Gemeinsamkeiten pflegen, die mir selbst ebensoviel Spaß machen wie ihr.

4. Wir stärken das Gefühl des Akzeptiertseins, indem wir es unterlassen, dauernd an dem Kind herumzumäkeln

Alle Erziehungsratgeber fordern Eltern dazu auf, ihrem Kind das Gefühl des Akzeptiertseins zu vermitteln. Und ich glaube nicht, daß Eltern die Richtigkeit dieser Empfehlung in Frage stellen. Warum befolgen sie die Anweisung nicht? Warum wird in den meisten Haushalten dauernd gemeckert?

Mit dem guten Vorsatz ist es nicht getan. Man muß auch die Voraussetzungen dafür schaffen, daß man nicht unversehens in die gereizte Tonlage gerät, die alle Familienmitglieder belastet. Da es nicht einfach ist, sich »zusammenzunehmen«, wenn man sich über ein »Fehlverhalten« ärgert, sorge ich zunächst einmal dafür, daß die Anlässe für mögliche Streitereien auf ein Minimum reduziert sind.

Dazu gehört vor allem die Abstimmung der Wohnungseinrichtung auf das Verhalten gesunder, neugierig forschender Kinder. Aus Erfahrung weiß ich zum Beispiel, daß kleine Kinder irgendwann die Schubladen-Tour kriegen. Während dieser Forschungsphase reißen sie sämtliche Schubladen auf und sortieren (= beschädigen) den Inhalt. Den Aufwand des Verbietens erspare ich mir, weil es a) äußerst zermürbend ist, ein Kind von den Schubladen, deren Erforschung es ins Auge gefaßt hat, fernzuhalten und weil ich b) nur froh sein kann, daß es eine momentan neue und ganz intensive Beschäftigung gefunden hat und mich folglich bei meiner Arbeit nicht stört. Spätestens dann, wenn unsere Tochter die erste Schublade aufzieht, werde ich mich deswegen daran machen, den erreichbaren Teil der Bücher/Akten-Schrankwand in meinem Büro mit wertlosem Kram zu füllen und das Kostbare nach oben zu befördern. Wir haben eine Menge alter Bücher, die keinen antiquarischen oder emotionalen Wert haben, sondern einfach veraltet sind. Die kann unsere Tochter wie Jahre zuvor die beiden Großen Seite für Seite »lesen« (= zerreißen). Wenn sie ihre Zerreiß-Tour hat, die von vielen Eltern als Zerstörungslust mißverstanden wird, kann sie Berge alter Tageszeitungen in Schnipsel verwandeln. Ob wir sie nun gefaltet oder zerrissen zum Müll tragen – ein billigeres Spielzeug gibt es wohl kaum.

Im Gegensatz zu »liebevollen« Eltern geben wir unserem Kleinkind auch kein »schönes« Kinderzimmer. Vielmehr lagern wir dort den Schrott ab, der zur Zeit unter der Bezeichnung

Möbel zerstreut in unserem Haus herumsteht. Diese Einrichtung kann sie nach Herzenslust mit Pinsel und Farbe, Hammer und Nagel gestalten (= kaputt machen). Ein Anlaß für Ermahnungen besteht nicht. Denn einige Jahre später kommt der Krempel ohnehin dorthin, wo er schon jetzt hingehörte: auf den Sperrmüll.

Sicher werde ich unsere Tochter kritisieren, wenn sie ihrem Freund nichts von ihrer Schokolade abgeben will. Aber ich habe nicht vor, ihr das Gefühl des Versagens dadurch zu geben, daß ich in einem bestimmten Alter von ihr Leistungen erwarte, die sie einige Jahre später ohne Anleitung von allein erbringen wird. Statt mit ihr herumzuschimpfen, weil sie beim Essen klekkert, lasse ich die Tischdecke in der Zeit, in der sie dabei ist, das zivilisierte Essen zu lernen, einfach weg.

Daß unsere Stühle jetzt aus dem Leim gehen, liegt daran, daß nicht nur unsere Kinder, sondern auch die meisten unserer jungen Gäste gern wippen. Soll ich derartige Gewohnheiten durch tägliches Ermahnen jahrelang bekämpfen oder lieber die Folgen von vornherein als Verlust mit einkalkulieren? Oft erspart man sich Gereiztheiten, wenn man einfach einmal eine kleine Kostenberechnung vornimmt. Ein Stuhl für zweihundert Mark, der nach zehnjährigem Wippen aus den Fugen gerät, hat als Spielgerät zwei Mark im Monat gekostet. Lohnt es sich, das Kind nervös zu machen und sich selbst zu enervieren, um sieben Pfennige täglich zu sparen?

Geborgen und akzeptiert kann sich ein Kind nur fühlen, wenn es weiß, daß die Eltern es im großen und ganzen in Ordnung finden. In dem Bewußtsein, anerkannt zu sein, kann es notwendige Kritik leichter verdauen. Anand hat als Kleinkind kaum nach direktem Lob verlangt, auch heute noch ist es ihm ziemlich egal, wie andere sein Verhalten oder seine Taten kommentieren. Daran gewöhnt, uns auf indirekte Anerkennung zu beschränken, haben wir den vier Jahre jüngeren Ravi in den ersten Lebensjahren vermutlich oft frustriert. Ravi bekommt es ungemein, wenn er für jede Leistung oder gute Tat ausdrücklich und ausführlich gelobt wird. Wir bemühen uns, diese »Elternleistung« nicht zu vergessen. Obwohl es so einfach und gar keine Mühe ist, ein paar anerkennende Worte zu äußern, unterbleibt das verlangte Lob oft. In vielen Familien wird fast überhaupt nicht gelobt. Das ungeputzte Fahrrad wird bemäkelt, aber über das geputzte wird kein Wort verloren. Wir haben uns vorgenommen, uns gegenseitig vor allem durch das vorgelebte

Beispiel immer wieder daran zu erinnern, eine Leistung oder eine Hilfe unserer Tochter nicht schweigend als selbstverständlich anzunehmen, sondern ausdrücklich mit Dank und Anerkennung zu »honorieren«.

Eltern, denen ich empfohlen habe, die im Laufe eines Tages geäußerten negativen und positiven Kommentare einmal rein quantitativ gegeneinander aufzurechnen, haben zu ihrem eigenen Erstaunen festgestellt, daß das Verhältnis 1:10 oder gar 1:20 beträgt. Nach dieser Auszählung war ihnen natürlich schlagartig klar, warum das Kind »Kritik so schlecht vertragen kann«. Das umgekehrte Verhältnis halte ich für erstrebenswert; denn mit einem soliden Polster der Anerkennung ausgerüstet, verkraftet das Kind auch schon einmal einen unkontrollierten Wutausbruch der Eltern und fühlt sich auch dann nicht abgelehnt, wenn Vater oder Mutter sich zu Verunglimpfungen wie »Du taugst absolut für nichts!« hinreißen lassen.

II. Schutz vor Gefahren

Während Kinder im Alter von 5 bis 14 Jahren vornehmlich im
Straßenverkehr verunglücken, kommen Kinder unter 5 Jahren
hauptsächlich in der elterlichen Wohnung zu Schaden. 1978
starben 700 Kinder unter 5 Jahren an den Folgen eines Unfalls
im häuslichen Bereich.

1. Unfälle im Haushalt

Daß unsere Kinder sich im Haushalt nie ernstlich verletzt haben, ist sicher vor allem ein glücklicher Zufall. Wir müssen uns
vorwerfen, daß wir gefährliche Reinigungsmittel oft aus Nachlässigkeit leicht zugänglich haben stehen lassen.
Von Vergiftungsunfällen mit Reinigungsmitteln sind besonders
die Zwei- bis Fünfjährigen betroffen, da in diesem Alter der
Nachahmungstrieb und der Wunsch, alle Gegenstände in den
Mund zu nehmen, ausgeprägt ist. Da wir die Statistiken kennen, werden wir bei unserer eventuellen Adoptivtochter vor-
sichtiger sein und gefährliche Putzmittel sicher verwahren. Den
täglich benutzten Reiniger für die Geschirrspülmaschine kann
man in das oberste Fach des Küchenschrankes stellen, andere
Flaschen, Tuben und Dosen, die man nur gelegentlich braucht,
gehören in ein abschließbares Fach.
Unsere Tochter wird aber auch deswegen geschützter sein, weil
wir unseren Bestand an Mitteln aller Art in den letzten Jahren
radikal reduziert haben. Wir benutzen kein Insektenspray, sondern hängen notfalls einen Fliegenfänger auf; und unsere
Ameisen haben bisher stets vor einem Häufchen Ata haltge-
macht. Wir entkalken mit Tafelessig und reinigen Abflußrohre
mechanisch. Ich glaube, daß sich in unserem Haushalt zur Zeit
keine einzige Spraydose befindet. Da wahrscheinlich nicht nur
wir oft vergeßlich sind, empfehle ich jungen Eltern gern, zunächst einmal ihre Putzmittelsammlung zu entrümpeln; denn
das meiste, das man sich von der Werbung unter dem Motto
›reiner als sauber‹ hat aufschwatzen lassen, dürfte überflüssig
sein. Je weniger Dosen und Flaschen man hat, desto leichter
behält man den Überblick.

Das gilt auch für den Medikamentenschrank. Während früher bei uns Ärztemuster aller Art herumlagen, haben wir seit geraumer Zeit außer einem Fieberthermometer nur Mullbinden und Pflaster im Haus. Für unsere Tochter würden wir einen abschließbaren Medizinschrank anschaffen und diesen im Schlafzimmer aufhängen, damit die Tabletten und Zäpfchen, die jemand einmal brauchen könnte, unzugänglich sind.

Ich sehe keine Möglichkeit, zu verhindern, daß unsere Tochter vom Stuhl fällt oder auf den Tisch klettert und schwer stürzt. Aber den oft gefährlichen Verletzungen an scharfen Kanten und Spitzen kann man weitgehend vorbeugen, indem man keine scharfkantigen Möbel kauft beziehungsweise die vorhandenen für einige Jahre entfernt. Manchmal ist eine »Verschandelung« gewisser Gegenstände zum Schutz des Kindes unumgänglich. Wir werden zum Beispiel die schicke Anbauküche, die wir vom Vorbesitzer unseres Hauses übernommen haben, rund und häßlich sägen müssen. Das schmerzt mich natürlich, wenn ich an den Prachtpreis denke, den wir dafür gezahlt haben, aber da sogar wir als Erwachsene uns in der Küche oft blutig stoßen, halte ich es für illusorisch, ein Kleinkind durch Ermahnungen und Warnungen davor zu bewahren, sich an den Metalleisten zu verletzen. Die wertlosen Möbelstücke, die wir unserer Tochter, solange sie klein ist, als Kinderzimmereinrichtung zumuten wollen, sind nur schäbig, jedoch nicht unstabil. Da auch die Kinder, die immer in ihr Zimmer geschickt werden, oft ins Wohnzimmer und Elternschlafzimmer gelangen, halte ich die Warnung der Versicherungen vor unstabilen Kinderzimmermöbeln für ergänzungsbedürftig: In der *gesamten* Wohnung sollte es keine Regale geben, die umkippen, wenn man auf sie klettert.

Unsere Tochter wird nie von einer Wickelkommode fallen und nie mitsamt der falsch aufmontierten Babywanne zu Boden stürzen; denn diese Gegenstände, die heute zur perfekten Babyausrüstung gehören, werden wir gar nicht anschaffen.

Eine Wickelkommode lohnt sich für uns schon allein deswegen nicht, weil wir das Baby so oft wie möglich im Haus und im Garten windelfrei herumlaufen lassen wollen, damit es nicht fest eingebunden in seinem eigenen Kot schmort, sondern nach jedem Geschäft sofort warm abgeduscht immer sauber ist und nicht wund wird.

Wickeln kann man das Baby ebensogut und unfallsicher auf dem Boden; und zwar ohne Rückenschmerzen, wenn man sich wie Millionen Mütter in sogenannten unterentwickelten Ländern dabei hinkniet. Da ich nicht zu denen gehöre, die immer vollkommen aufmerksam sind, und da sich Kleinkinder oft schneller drehen als man vermutet hätte, fürchte ich mich vor einem Wickeln in Kommodenhöhe.

Eine Babywanne brauchen wir auch nicht. Da wir vier Personen sind, kann das Kind täglich mehrmals mit einem Großen in der Badewanne plantschen.

Den Verbrennungsgefahren am Herd will ich nicht durch Schutzgitter vorbeugen, sondern wie bei unseren beiden Großen früher durch Erfahrung. Bei Anand habe ich mich noch dazu überwinden müssen, nicht einzugreifen, als er sich anschickte, die volle Patschhand auf die heiße Herdplatte zu hauen. Ravi habe ich schon bewußt dazu verleitet, den Finger in den sprudelnden Suppentopf zu stecken. Diese kleinen Verletzungen sind bald vergessen. Aber die Erfahrung, die sie vermittelt haben, bleibt erhalten.

Ich sehe keine Alternative zu dem Klugwerden durch Schaden; denn ich kann mir zwar angewöhnen, nur auf den hinteren Herdplatten zu kochen, aber ich kann mich nicht darauf verlassen, daß ich meine Vorsätze nie vergesse. Am stärksten gefährden m. E. die übervorsichtigen Eltern ihre Kinder, die ihre Forscher aus der Küche verweisen. Das Verbotene lockt: In einem Moment, in dem es unbeaufsichtigt ist, schleicht das Kind zum Herd und reißt neugierig den vollen Topf kochender Kartoffeln herunter.

Da dieser Augenblick ohne Aufsicht unweigerlich kommt, halte ich es für leichtfertig, das Kind vor der Erfahrung Verbrennung total zu schützen. Indem ich eine kleine Verbrennung bewußt zulasse, sorge ich dafür, daß es auch dann vorsichtig ist, wenn es einmal allein in der Küche neben dem Herd steht.

Wer ist so perfekt umsichtig, daß er das scharfe Küchenmesser nie auf dem Tisch liegen läßt? Lieber gestatte ich, daß das kleine Kind in meiner Anwesenheit eine Kartoffel zerkleinert und sich dabei den Finger blutig schneidet, als daß ich es der Gefahr aussetze, sich in einem unbeaufsichtigten Moment Schlimmeres zuzufügen mit dem gefährlichen Gerät, dessen Schärfe es nie erprobt hat.

Nachdem Anand einmal erfahren hatte, wie schmerzhaft es ist, wenn der Wind die Tür, deren Aufhängemechanismus er erforschen wollte, zuschlägt, habe ich bei Ravi selbst ›aus Ver-

sehen‹ die Tür halb zufallen lassen. Indem ich ihm diesen kleinen
Schmerz zufügte, habe ich dafür gesorgt, daß er das gefährliche
Spiel mit der Tür auch dann unterläßt, wenn er allein ist.

Natürlich werde ich meine elektrische Bohrmaschine in großer
Höhe aufhängen, aber daß unsere Tochter sich beim Hämmern
einen blauen Fingernagel zuzieht, werde ich nicht zu verhindern versuchen. Vor einem leichtfertigen Umgang mit der
Handsäge bewahre ich sie am ehesten, wenn ich zulasse, daß sie
sich in meiner Anwesenheit damit einmal die Haut am Bein
aufritzt.

Unsere beiden Kinder haben leidenschaftlich gern mit Streich-
hölzern gespielt. Mehrmals habe ich sie dabei erwischt, wie sie
über einer Kerze nicht nur Tannennadeln, sondern auch Papier-
streifen verbrannten. Daß sie die Wohnung in Brand setzen
oder gar selbst verbrennen könnten, mochten sie nicht recht
glauben. Wir erwägen, da unsere beiden Großen diesbezüglich
nie »pariert« haben, zum Schutze unserer Tochter eine kleine
Brandstiftung zu inszenieren, zum Beispiel in der Form, daß
wir eine alte Tischdecke in Flammen aufgehen lassen und dann
mit demonstrativem Löschaufwand verhindern, daß sich das
Feuer ausbreitet.

Gefahren begreift man nicht durch Erklärungen, sondern nur
mit Hilfe persönlicher Erfahrungen. Deswegen will ich unser
Kind nicht mit guten oder scharfen Worten warnen, sondern es
den Gefahren, die tödlich sein können, unter Aufsicht aussetzen. Diese Methode der Unfallvorbeugung, die ich für die
sicherste halte, hat für die Eltern nicht nur den großen Vorteil,
daß sie das Aufpassen weitgehend überflüssig macht, sie erspart ihnen auch die »Buhmann«-Rolle. Das Kleinkind, das
neugierig am Herd »helfen« will, vermag kaum einzusehen, daß
die Eltern es nur zu seinem Besten zurückziehen. Deswegen ist
man, wenn man dem Kind, das einmal erproben möchte, wie
sich eine Herdplatte nach dem Braten der Frikadellen anfühlt,
auf die Hand schlägt, der Bösewicht, der immer alles verbietet.
Das frustrierte Kind reagiert aggressiv. Nachdem es sich aber
eine kleine Verbrennung zugezogen hat, ist das Kind nicht nur
klüger geworden, sondern auch frei von Aggressionen gegen
die Eltern. Belehrende Kommentare erübrigen sich. Statt das
Kind durch Besserwisserei zu erniedrigen, erkläre ich ihm lieber, während ich pustend tröste, daß mir das auch schon passiert sei.

2. Unfälle im Straßenverkehr

In der Bundesrepublik verunglücken im Straßenverkehr dreimal so viele Kinder tödlich wie in Frankreich, England und anderen vergleichbaren Ländern. Dieses Wissen kann ich nicht verdrängen. Den Nutzen der sogenannten Verkehrserziehung bezweifle ich. Denn alles das, was man dem Kind beigebracht hat, ist in dem Moment, wo der Ball auf die Straße rollt oder der beste Freund am anderen Bürgersteig winkt, vergessen.

Da wir mit unseren kleineren Kindern nie an einer Sackgasse, an einer Fußgängerzone oder an einer durch »Kölner Knubbel« (»schlafende Polizisten«) beziehungsweise quergestellte Blumenkübel verkehrsberuhigten Straße gewohnt haben, sah ich mich gezwungen, klare Verbote auszusprechen. Denn die Methode des Zulassens kleiner Verletzungen zur Vermeidung gefährlicher Unfälle läßt sich im Straßenverkehr nicht praktizieren.

Als Anands Klassenkameraden schon mit dem Rad zur Schule fahren durften, mußte er weiterhin zu Fuß gehen. Als Ravis Freunde auf der sehr oft rasant befahrenen Wohnstraße Achten drehten, mußte er sich an die strikte Anweisung halten, nur auf dem Bürgersteig zu radeln. Mit fünfzehn bekamen alle Mitschüler ein Mofa – nur Anand und der Sohn eines Polizisten nicht.

Ob wir durch diese Maßnahmen unsere Kinder vor Unfällen bewahrt haben? Ich neige eher dazu, die Teilnahme am Straßenverkehr als Lotteriespiel zu betrachten.

Möglicherweise war Ravi gerade dadurch gefährdet, daß er Anweisungen zu befolgen hatte. Während seine Freunde schon eine gewisse Erfahrung mit schnellen Autos hatten, schwebte er vielleicht in dem Moment, wo er unsere Anweisung vergaß und wie die anderen auf der Fahrbahn Spiralen drehte, aufgrund fehlender Übung in allergrößter Gefahr.

Möglicherweise haben wir Anand gerade dadurch in Gefahr gebracht, daß wir ihm das Mofa verweigerten. Denn wahrscheinlich hat er sich manchmal von Freunden das Mofa ausgeliehen. Ungeübt war er dann gefährdeter als die Mofabesitzer.

Daß es Ravi verboten ist, im Dunkeln zu radeln, liegt vor allem daran, daß wir ebenso wenig wie der Polizist aus unserer Berufshaut herauskönnen. Mein Mann ist als Chirurg täglich mit den schwer verunglückten Rad- und Mofafahrern konfrontiert, und ich muß auf jedem Wohnkongreß erneut die Unfallstatistik

»verdauen«. Wir können uns nicht zu einer großzügigeren Haltung durchringen. Aber es ist nicht auszuschließen, daß wir in der Meinung, es richtig zu machen, genau das Falsche tun.

Mehr Radwege, ›schlafende Polizisten‹ vor Übergängen an Schulen, die Umwandlung gefährlicher Wohnstraßen in Spielstraßen und nicht zuletzt eine kinderbezogene Verkehrserziehung der Autofahrer – ich unterstütze diese und andere Forderungen, die darauf abzielen, die Quote der jährlich schwer verletzten Kinder zu senken. Aber in meiner momentanen Situation als Mutter muß ich auf den Ist-Zustand reagieren. Da ich unter den jetzigen Bedingungen keine halbwegs sichere Möglichkeit kenne, meine Kinder vor einem Verkehrsunfall zu bewahren, fühle ich mich den Folgen einer kinderfeindlichen Stadtplanung hilflos ausgeliefert.

Ich bin ratlos und weiß noch nicht, welche Maßnahmen ich zum Schutze unserer Tochter befürworten werde.

3. Erkältungskrankheiten

Die Gesundheitsfürsorge, die viele junge Eltern in unserem Bekanntenkreis betreiben, ist meines Erachtens sehr bedenklich. Einerseits werden die Kinder, insbesondere die kleineren, vor jedem Windhauch geschützt, andererseits werden sie schon bei einem leichten Schnupfen mit Antibiotika vollgestopft.

Der Medikamentenmißbrauch hat nach Meinung vieler Ärzte ein gefährliches Ausmaß erreicht. Für mich war es immer sehr aufschlußreich, zu beobachten, daß die niedergelassenen Ärzte, die ihren Patienten – um sie nicht zu kränken und zu verlieren – bereitwillig das Gewünschte verschreiben, den eigenen Kindern nach Möglichkeit keine Spritzen, Tabletten oder Zäpfchen verabreichen. Wir sind nicht der einzige Haushalt mit einem Arzt als Familienmitglied, in dem Fieber mit Wadenwickeln bekämpft wird und Schnupfen, Kopfweh oder Bauchschmerzen in der Regel dadurch kuriert werden, daß man sich hinlegt und wartet, bis sie aufhören.

Obwohl sie nie vorbeugend geimpft worden sind, sind unsere Kinder von den Grippewellen der letzten Jahre regelmäßig verschont geblieben. Und obwohl sie vom Vater eine Anfälligkeit geerbt haben könnten, haben sie an Erkältungen so gut wie nie gelitten. Sie sind abgehärtet.

Schon früh haben wir uns darauf verlassen, daß das Kind selbst am besten weiß, ob es warm oder kühl genug angezogen ist. Wenn es schwitzt, wird es von allein den dicken Pullover gegen einen leichteren tauschen. Wenn es die Handschuhe vergessen hat, wird es sich die Hände reiben oder sie unter die Jacke stecken und am nächsten Tag von selbst an die Handschuhe denken. Sie haben sich zwar nur selten hundertprozentig »richtig« (dem Wetter entsprechend) angezogen, aber total unsinnig haben sie sich auch nicht verhalten.

Es ist eine große Erleichterung für Eltern, wenn Kinder mit fünf Jahren völlig selbständig für ihre Kleidung sorgen. Deswegen will ich mit unserer eventuellen Adoptivtochter ebenso verfahren wie mit den beiden Großen. Schon als Kleinkind will ich sie gelegentlich leicht ›gefährden‹, etwa indem ich zulasse, daß sie im Winter kurz ohne Mantel vor die Tür läuft. Spätestens mit drei Jahren soll sie aufgefordert werden, sich selbst das Passende aus dem Kleiderschrank zu holen und dann zu erproben, ob der gewählte Pullover warm genug ist.

Ich selbst bin mit der Volksweisheit ›Kopf kalt, Füße warm – macht Doktor und Apotheker arm‹ aufgewachsen und durfte nie barfuß durch die Küche oder über den Flur laufen. In der Zeitschrift *Wohnungsmedizin* dagegen wird regelmäßig das Barfußlaufen auch auf kalten Steinböden empfohlen. Was objektiv richtig ist, weiß ich nicht. Was für unsere Tochter richtig ist, können wir leicht feststellen, indem wir ihr das Barfußlaufen gestatten und abwarten, ob sie sich einen Schnupfen holt oder nicht. Unsere beiden Großen, die sich das Barfußlaufen in der letzten Etagenwohnung mit Fußbodenheizung angewöhnt haben, laufen seit über drei Jahren in unserem Haus, das fast ausschließlich Steinböden hat, den ganzen Tag über ohne Schuhe und Strümpfe herum. Auch im Winter, auch im Keller und auch dann, wenn wir im Winter im Keller über drei Stunden lang Billard spielen.

Jeder hat seine eigenen Methoden. Während Anand in bezug auf seine Kleidung kaum Unterschiede macht zwischen warmen und kalten Tagen, variiert Ravi seine Kombinationen manchmal an einem Tag dreimal. Wenn Anand klitschnaß durchgeregnet nach Hause kommt, nimmt er sofort ein heißes Bad, Ravi zieht sich nur um. Ravi weiß, daß er sich einen Schnupfen holt, wenn er bei Schneewetter keine Stiefel anzieht. Anand trägt zur Zeit bei Frost alte Sommerschuhe auf, die nur schäbig, aber noch nicht zu klein sind, weil es ihm seine ›grüne‹ Überzeugung verbietet, die ›Wegwerfgesellschaft‹ als

›Zwangskonsument‹ zu unterstützen. Jeder sorgt auf seine eigene Weise für seine Gesundheit. Wir kümmern uns nicht – die Kinder sind kerngesund.

Diesen Zustand empfinden wir als höchst angenehm. Keiner braucht nachzusehen, ob sie auch den Schal oder die Mütze nicht vergessen haben. Wir haben nicht die geringste Arbeit. Ich verschwende keinen Gedanken an »richtige« Hosen oder Strümpfe. Wenn sie in ihrem Schrank nichts Passendes mehr vorfinden, stellen sie selbst eine Maschine voll für den Waschvorgang 4 E zusammen und sehen zu, wie sie die benötigte Hose bis zum nächsten Morgen trocken kriegen.

Mit unserer Tochter wollen wir es genauso halten, weil wir gute Gründe für die Annahme haben, daß es sich bei der Immunität unserer Kinder gegen Erkältungen nicht um einen puren Zufall handelt. Bei uns sind immer sehr viele Kinder ein und aus gegangen, so daß wir stets genug Vergleichsmöglichkeiten hatten. In bezug auf die *richtige* Kleidung ist uns aufgefallen, daß sich *alle* Kinder unvernünftig verhalten, sobald sie der Kontrolle entglitten sind, die behüteten Kinder ebenso wie unsere.

Da ist zum Beispiel Ravis Freund Gerd. Der Elfjährige hat eine Anfälligkeit für Mittelohrentzündungen. Also sollte er nie seine Mütze mit den Ohrenklappen vergessen. Was aber tut er? Er rennt mir ohne Kopfbedeckung und ohne Schal aus dem Haus. Ich muß hinterher und ihn zurückpfeifen. Warum denkt er nicht selbst an seine Mütze? Zu Hause hat er jemanden, der für ihn denkt. Also muß auch ich für ihn denken, wenn er bei uns ist; denn ich will ja nicht riskieren, daß er sich als unser Gast eine Erkältung zuzieht.

Oder *Dickerchen*. Er ist fidel, robust und kann eine Menge vertragen. Aber daß er den Schneemann ohne Mantel und ohne Pullunder nur im leichten Pulli baut, mag ich doch lieber nicht zulassen. Ich pfeife ihn zurück.

Wenn ich Ravi vom Tischtennisverein abhole, sehe ich, wie die hochrot erhitzten Spieler im Turnhemd vor die Tür treten, um sich bei fünf Grad unter Null abzukühlen. Sie handeln spontan: Ich schwitze entsetzlich, also brauche ich frische Luft. Daß ihr Verhalten in gefährlicher Weise unvernünftig ist, bedarf keiner Begründung.

Solche Unvernünftigkeiten begehen unsere Kinder auch; denn Kinder handeln nun einmal nicht in jeder Situation überlegt. Aber im Gegensatz zu den behüteten Kindern gefährdet Ravi sich nicht, wenn er nach dem Tischtennis mit der Meute vor die

Tür läuft. Indem er sich schwitzend bei Minustemperaturen abkühlt, ist er nur eine Nummer unvernünftiger als sonst, die behüteten Kinder aber begeben sich, da im allgemeinen perfekt geschützt, in eine für sie extreme Situation. Und diesen krassen Wechsel verkraftet der Körper nicht.

Der Schwachpunkt bei der perfekten Kleidungsfürsorge liegt ähnlich wie bei dem Bestreben, Unfälle im Haushalt durch Verbote zu vermeiden, darin, daß man die Kontrolle nicht *permanent* ausüben kann. Keine Mutter kann verhindern, daß ihr Kind, wenn es in einen aufregenden Streit mit dem Banknachbarn verwickelt ist, achtlos ohne Mantel auf den schneebedeckten Schulhof stürzt. Kein Vater kann durch Dauervorträge bewirken, daß das Kind, wenn es unbeaufsichtigt ist, stets an alles denkt.

Die perfekte Kleidungsfürsorge funktioniert nur solange, wie die Kontrolle gewährleistet ist. Da ich nicht damit rechnen kann, daß sich die Grundschullehrer ähnlich wie die Erzieher im Kindergarten darum kümmern, daß Kinder im Winter den Mantel nicht vergessen, wenn sie in der Pause nach draußen laufen, und da ich es für unrealistisch halte, von meinem sechsjährigen Kind zu erwarten, daß es selbst in jeder Minute vernünftig und achtsam ist, sorge ich lieber dafür, daß es abgehärtet genug ist, um eine Schulpause ohne Mantel oder einen Heimweg ohne Mütze schadlos zu überstehen. Da ich nicht verhindern kann, daß mein Kind in meiner Abwesenheit grobe Dummheiten begeht, übersehe ich bewußt die kleinen Dummheiten in der Erwartung, daß der Körper, der von Anfang an kleine Fehler verkraften mußte, nicht sofort mit einer fiebrigen Erkältung reagiert, wenn das Kind einen groben Fehler macht. Indem ich schon sehr früh dem Kind die Verantwortung für die *richtige* Kleidung übertrage, erspare ich mir Sorgen und Hinterhergelaufe (»Die Handschuhe, mein Liebling!«). Das Kind wird selbständig, und die Familienatmosphäre bleibt gelassen.

III. Ernährung

Annegrets Baby wird von morgens bis abends gewogen, gemessen, begutachtet, verglichen; denn Annegret erwartet Entwicklungsstörungen. Sie fühlt sich schuldig, weil sie ihrem Kind ›die Brust verweigert‹ hat.

Annegret ist dem Stillfieber zum Opfer gefallen, das momentan in Mitteleuropa grassiert. Nachdem das Stillen jahrelang als unzeitgemäß verpönt worden ist, erfreut es sich heute höchster Glorifizierung. Da gibt es Vereine wie die *Leche League* (Milch-Liga), die international für das Stillen als wichtigste Voraussetzung für die körperlich und seelisch gesunde Entwicklung des Kindes werben. Da gibt es Christa Meves, die genau weiß, daß Kinder, die nicht gestillt worden sind, später stehlen werden. Und da entstehen in Feministinnenkreisen Mütterlichkeitszirkel, die die Gleichberechtigung als unerreichbar abgeschrieben haben und nun der ›Männerkultur‹ das entgegenhalten, was nur Frauen können: gebären und stillen.

Welche Elternzeitschrift man auch aufschlägt, welches Erziehungsseminar man besucht, ob man in rechten oder in linken Kreisen verkehrt, überall schallt einem der Ruf entgegen: Mutter, sei eine wahre Mutter! Still dein Kind!

Annegrets Baby macht auf mich einen ganz normalen Eindruck. Gestört wirkt nur die Mutter. Vor drei Jahren habe ich sie zum letzten Mal gesehen: munter, optimistisch, ausgeglichen. Und nun sitzt sie zittrig vor mir – von Sorgen und Schuldgefühlen zerfressen.

Genaugenommen hat Annegret nur *Pech* gehabt. Es war pures Pech, daß sie gerade im Jahr 1980 zur Geburt ihres Kindes in eine Klinik geriet, in der die Wahrheit des Stillens verkündet wird. Man hat sie moralisch fertiggemacht und sie spüren lassen, daß eine Frau, die ihr Kind mit der Flasche aufziehen will, als Egoistin Verachtung verdient.

Dieser Psychoterror wäre ihr erspart geblieben, wenn sie zehn Jahre früher entbunden hätte, als das Stillen nur empfohlen und noch nicht glorifiziert wurde.

Wie gelassen hätte sie ihrem Baby die Flasche gegeben, wenn sie fünfundzwanzig Jahre früher Mutter geworden wäre! Damals kam sie selbst zur Welt. Ihre Mutter wollte sie damals stillen, aber das Krankenhauspersonal hat sich auf keine Diskussion eingelassen und ihr die Flasche in die Hand gedrückt.

Während Annegrets Chefarzt ein Anhänger der Stillmethode war, hielt der Gynäkologe, bei dem ihre Mutter entbunden hat, die Flasche für zeitgemäß. Sie vertraten beide verschiedene Anschauungen, aber beide waren sich darin einig, daß die Mutter selbst keine Meinung zu haben hat.

Annegrets Mutter findet es übrigens richtig, daß ihre Tochter *nicht* stillt: »Wenigstens tust du, was *du* wolltest!«

In Anbetracht der Tatsache, daß manche Frauen gar nicht stillen können, halte ich es für grob verantwortungslos, die eigene Überzeugung als objektive Wahrheit zu verkünden und zu behaupten, daß Flaschenkinder an schweren Störungen leiden oder sich gar zu Dieben entwickeln werden. Ob der Geburtshelfer fürs Stillen oder für die Flasche ist – er hat sich meines Erachtens neutral zu verhalten, sich lediglich bei der Mutter zu erkundigen und ihre Entscheidung ohne Bewertung und höflich zu respektieren.

Annegret hat ebenso wie ihre Mutter lediglich Pech gehabt. Ihre Entscheidungen waren jeweils nicht ›in‹. Wie kann sich eine Mutter davor schützen, daß sie von den zufällig herrschenden Meinungen überrannt und nervös gemacht wird?

Ich sehe nur zwei Möglichkeiten.

1. Man informiert sich, d. h. man begibt sich in eine wissenschaftliche oder sehr gut bestückte Stadtbibliothek und ackert mehr als acht oder zehn Bücher und Aufsätze zu der jeweiligen Frage durch. Dann stellt man nämlich fest, daß es in Fragen der Kinderfürsorge kaum »objektiv richtige« Erkenntnisse gibt. Annegret zum Beispiel hätte mit großer Beruhigung zur Kenntnis genommen, daß es neben den ›wissenschaftlichen Untersuchungen‹, aus denen ›zweifelsfrei‹ hervorgeht, daß Flaschenkinder mit Störungen aufwachsen, ›wissenschaftliche Untersuchungen‹ gibt, die ›eindeutig‹ belegen, daß die Entscheidung für die Flasche für die Entwicklung des Kindes *keine* Folgen hat. Ferner wäre sie auf die Theorie gestoßen, daß es heutzutage bedenklich sei, dem Kind die Brust zu geben, weil Mütter sich wie andere Bürger vornehmlich von chemieverseuchten Produkten ernähren und die behördlich überprüfte Pulvermilch von gefährlichen Schadstoffen frei ist.

2. Da es nun nicht möglich ist, sich über jede Frage mit wissenschaftlicher Gründlichkeit zu informieren, empfehle ich Eltern immer, sich eine tiefe Skepsis anzueignen und auch die Theo-

rien, die mit dem Hinweis auf ›wissenschaftliche Untersuchungsergebnisse‹ den Anspruch auf ›objektive‹ Gültigkeit erheben, grundsätzlich als *Meinungen* aufzufassen. Denn anders als in der Mathematik kann man als Forscher in den Humanwissenschaften durch vielfältige Manipulationen sehr leicht das Ergebnis erzielen, das man sich vorgenommen hat. Daß es sich bei den objektiven Erkenntnissen nur um subjektive Meinungen handelt, sieht man schon allein daran, daß die Wahrheiten ständig wechseln und durch Gegenwahrheiten widerlegt werden.

Annegret wollte von mir wissen, wie ich mich entschieden hätte. Ich hätte den für mich angenehmsten Weg gewählt: Wenn ich keine Schwierigkeiten mit dem Stillen habe und wenn sich keine großen organisatorischen (zum Beispiel beruflichen) Probleme ergeben, stille ich. Wenn das Gegenteil der Fall ist, wird mein Kind mit der Flasche groß und stark.

Auch Karin quält sich mit einer objektiven Wahrheit ab. Ihr Sohn will partout abends wie ein Kaiser und morgens wie ein Bettelmann essen. Seit gut zwei Jahren ist Karin jeden Morgen damit beschäftigt, ihrem jetzt Vierjährigen das gesunde Müsli in den Mund zu schieben. Aber der Querkopf hält nichts von der richtigen Lebensweise. Statt dankbar einzusehen, daß die Mutter nur das Beste für ihn will, spuckt er ihr mindestens einmal in der Woche den vollen Mund Müsli ins Gesicht. Wenn Karin ihren beherrschten Tag hat, bleibt sie gelassen, wenn sie ohnehin schon nervös war, schlägt sie zu. Immer steht sie ›dumm da‹.

Karin beruft sich nicht nur auf die Volksweisheit, sie stützt sich auch auf »wissenschaftliche Untersuchungen«. Auf welche? Auf die, deren Ergebnisse in ihrem Elternratgeber zitiert worden sind. Auf welche Volksweisheit beruft sie sich? Nicht auf die vieler südlicher Völker. Ein Jahr lang hat Karin als Au-pair-Mädchen in Malaga gelebt. Sich anpassend hat sie jeden Abend um 22 Uhr ein dreigängiges Menü genossen und wenig später mit vollem Bauch bestens geschlafen. Aber sie traut sich nicht, aus ihren eigenen Beobachtungen und Erfahrungen Schlußfolgerungen zu ziehen, sie hält sich an das, was ihr zufälliger Erziehungsratgeber als richtig empfiehlt.

Wenn sie mit etwas größerem Selbstvertrauen ihren eigenen Verstand mobilisieren würde, käme ihr der Gedanke, daß ihr Sohn seine Neigung vom Vater geerbt haben könnte. Daß Karins Mann heute jeden Morgen sein Brötchen tapfer herunterwürgt, ist das Ergebnis einer eisernen Selbsterziehung. Vor der Ehe ist er zehn Jahre lang Tag für Tag mit leerem Magen aus dem Haus gegangen. Das heißt, er hat es so gehalten wie die Leute, bei denen ich als Studentin sechs Wochen lang in Nizza gelebt habe. Ich war als Aushilfskraft in einer Bäckerei tätig. Um fünf Uhr stand ich auf, trank den Kaffee, den man mir hingestellt hatte, und begann, die Brote aus dem Keller in den Laden zu tragen. Zwischen sieben und acht Uhr hatte ich Schwindelgefühle vor Hunger. Da ich Hemmungen hatte, mir einfach ein Hörnchen zu klauen, beschloß ich, für mich ein zusätzliches Frühstück zu verlangen. Die Chefin war einverstanden: »D'accord, wenn du es so gewöhnt bist.« Sie selbst nahm ebenso wie die Angestellten erst um zehn Uhr etwas zu sich. Außer mir arbeiteten also alle rund fünf Stunden lang mit leerem Magen. Und das fanden sie bekömmlich und »richtig«.

Solche »unvernünftigen« Menschen gibt es in Südamerika, Indien und unter anderem Spanien zu Millionen. Auch mein Mann gehört zu diesen Unvernünftigen. Gleichmütig hört er sich an, was auf den Ärztekongressen wechselhaft propagiert wird und bleibt stur dabei, daß für ihn das gut ist, was ihm bekommt.

Welche Eßmethode ist die objektiv richtige? Mein siebzigjähriger Nachbar in Indien wußte ganz genau, warum er nie ernsthaft krank gewesen war. Er hatte nämlich sein Leben lang den einzig richtigen Weg zur Gesundheit verfolgt und nie Fleisch, Fisch oder Eier gegessen.

Da ich in verschiedenen Kontinenten gelebt und gesehen habe, daß Menschen sehr unterschiedliche Eßmethoden »richtig« nennen, habe ich nicht vor, unsere eventuelle Adoptivtochter mit irgendeiner bei uns regional gültigen Theorie zu belästigen. Wie die beiden Großen darf sie essen, was sie will, wann sie will und wie sie will. Für welchen Stil sie sich auch entscheiden mag, irgendwo auf der Welt gibt es Millionen, die es genauso halten wie sie.

Bei unseren beiden Großen haben wir uns schon sehr früh darauf verlassen, daß der Körper selbst dafür sorgt, daß er richtig ernährt wird. Ihre von ihnen selbst bestimmte Ernährung ist ausgewogen. Es kommt vor, daß sie manchmal zwei Tage lang nur Erbsenspeckeintopf essen, weil sie den großen Topf, den ich auf Vorrat gekocht habe, nur aufzuwärmen brauchen und zu faul sind, sich etwas anderes zuzubereiten. Aber wenn man nicht den einzelnen Tag, sondern etwa eine Woche zugrunde legt, stellt man fest, daß sie sich abwechslungsreich ernähren. Denn nach dem Tag ohne Vitamine kommt unweigerlich der große Appetit auf Obst. Und nach einem übermäßigen Kuchengenuß heißt es stets, daß man jetzt für mindestens fünf Tage keinen Kuchen mehr sehen könne. Beide schätzen Obst und Salate. Ravis Grundnahrungsmittel sind Erbsen, Linsen, Bohnen und trockenes Brot, Anands Brot, Kartoffeln, Reis und Fleisch. Beide sind kerngesund. Anand (15) ist schlank, Ravi (11) ist drahtig mager.

Als Kleinkinder haben sie ›den ganzen Tag über‹ gegessen, und auch heute ziehen sie es noch vor, mehrere kleine Mahlzeiten statt weniger großer zu sich zu nehmen.

Als wir 1965 mit der »freien Ernährung« anfingen, sind wir viel kritisiert worden. Einer unserer Hauptkritiker war ein Internist, der unsere Nachlässigkeit und Sorglosigkeit ›kriminell‹ nannte. Er wußte genau, daß man schwer krank wird, wenn man den ganzen Tag über ißt, statt zu bestimmten Zeiten Hauptmahlzeiten einzunehmen. Mein Mann empfahl ihm, sich ein größeres Vertrauen in die Natur des Kindes anzueignen.

Vor etwa zwei Jahren kam nun dieser Internist von einem Kongreß mit ganz neuen wissenschaftlichen Untersuchungsergebnissen zurück: »Wir sollen jetzt die für Magenkranke schon immer indizierten vielen kleinen Imbisse allgemein anraten.« Plötzlich stellte sich heraus, daß der Stil, den unsere Kinder pflegen, genau der ›richtige‹ ist.

Momentan, ergänze ich und fühle mich durch den Professor, den unser internistischer Freund angehört hat, nicht bestätigt. Denn die Erfahrung lehrt mich, daß die neue Richtigkeit nicht von Dauer sein kann. Auch in der Medizin wechseln die Wahrheiten ständig.

Ich bin weder der Meinung, daß unsere Kinder es richtig machen, noch der Meinung, daß sie es falsch machen. Ich sehe nur mit Zufriedenheit, daß sie ohne Zwang zu einer ausgewogenen Kost gefunden haben und daß ihnen der Rhythmus, den sie verfolgen, bestens bekommt.

Auch unsere Kinder essen wie Karins Sohn morgens wie ein Bettelmann – entweder nichts oder wenig. Da ich weiß, daß Millionen Menschen überall auf der Welt es ihnen gleichtun, beunruhigt es mich nicht, daß sie in die Gruppe der Schulkinder fallen, die nach Ansicht mehrerer Regionalmediziner einen Skandal darstellen.

»Verantwortungslos sorgen die Eltern nicht für das Frühstück!«

heißt es in den Pressekommentaren zu dem Tatbestand, daß zwanzig bis fünfundzwanzig Prozent der deutschen Schulkinder morgens nüchtern aus dem Haus gehen. Für mich ist es ein Skandal, daß sofort die Eltern beschuldigt werden und die naheliegende Möglichkeit, daß das Kind morgens nichts *will*, gar nicht in Erwägung gezogen wird.

Angenommen, diese sehr vielen Eltern decken morgens nicht den Tisch – weiß das achtjährige Kind etwa nicht, wie man sich ein Brot schmiert oder wo die Cornflakes stehen? Ich kann nicht glauben, daß Schulkinder, die morgens Hunger haben, nur deswegen nichts essen, weil sie sich selbst das Brot holen müssen. Ganz abgesehen davon bin ich ziemlich fest davon überzeugt, daß ein großer Teil dieser Skandalkinder sehr besorgte Eltern hat. Mütter wie Karin, die keine Mühe scheuen, dem Kind morgens etwas einzutrichtern.

Meiner Ansicht nach ist es nicht nur anmaßend, sondern auch verantwortungslos, Eltern Schuldgefühle einzuimpfen, indem man eine Praxis, die man subjektiv für falsch hält, als skandalös brandmarkt. Karins Nerven sind jetzt schon zerrüttet. Wie schuldig wird sie sich erst fühlen, wenn ihr jetzt Vierjähriger in einigen Jahren zu den Skandalkindern gehört! Das wird mit großer Wahrscheinlichkeit der Fall sein; denn je älter der Junge wird, desto kräftiger wird er sich wehren. Außerdem erwägt Karin seit geraumer Zeit, ihre Bemühungen einzustellen, weil sie sich sagt, daß der Terror, den sie täglich veranstaltet, um ihr Kind auf die Norm zu bringen, die gesunde Entwicklung vielleicht mehr belastet als die »falsche« Ernährung. Ich habe ihr vorgeschlagen, die Bibliothek zu durchforsten. Vielleicht gibt es längst wissenschaftliche Untersuchungen, aus denen hervorgeht, daß es für die Gesundheit des Kindes belanglos ist, ob es morgens oder abends viel ißt: »Dann hättest du dir ganz umsonst das gesunde Müsli ins Gesicht spucken lassen ...«

Abends, wenn der Vierjährige ordentlich zulangen möchte, wird er dazu angehalten, sich an Papi ein Beispiel zu nehmen, der sich auch »beherrscht« und weniger ißt als er möchte. Aber nach jedem spannenden Fernsehfilm fehlt im Kühlschrank ein Pudding, oder Fettspuren auf dem Küchentisch verraten, daß der Querkopf wieder einmal nach dem Zähneputzen gefuttert hat. Und so etwas nennt Karins Zahnarzt »kriminell«.

Da ich weiß, daß die Theorien über die richtige Ernährung regional variieren und alle paar Jahre wechseln (man denke nur einmal an die Diäten zum Schlankbleiben, die abwechselnd

Mode waren und sind), werde ich darauf verzichten, mir die Mühe zu machen, meine Tochter auf einen ganz bestimmten Weg zu drängen. Sie soll selbst herausfinden, was ihr bekommt. Wenn sie morgens wie zwei Engländer frühstücken will, soll sie das tun. Wenn sie zehnmal am Tag eine Kleinigkeit essen möchte, soll mir das recht sein. Und wenn sie es vorzieht, nur zweimal am Tag Riesenportionen zu verschlingen, werde ich auch das in Ordnung finden.

Ich glaube an die These, daß zwei plus zwei vier ist, aber ich glaube weder an die Wahrheit der großen Mahlzeiten noch an die der kleinen Imbisse, weder an die Wahrheit des Hungerns nach achtzehn Uhr noch an die der fleischlosen oder fleischreichen Kost. Ich bin zuviel in der Welt herumgekommen, um zu wissen, daß die Methode X oder der Weg Y die richtige Ernährungsform darstellt. Und ich habe zu oft hautnah miterlebt, wie manche Habilitationen und sogenannte wissenschaftliche Untersuchungsergebnisse zustande kommen, um irgendwelchen ganz neuen Wahrheiten Bedeutung beimessen zu können. Mir leuchtet ein, daß jeder Mensch verschieden ist und selbst herausfinden muß, was ihm individuell bekommt. Und eines weiß ich ziemlich genau, nämlich, daß ich nicht vorhabe, mich von unserer eventuellen Adoptivtochter anspucken zu lassen. Auch fühle ich mich zu erwachsen, um mein Kind mit Sprüchen wie »ein Haps für Oma, ein Haps für Onkel Willibald« zu motivieren.

Wenn ich an meine Zeit in Indien denke, empfinde ich das Ernährungstheater, das sich in unseren Wohlstandsfamilien abspielt, als pervers. Wer finanzielle Schwierigkeiten hat, sein Kind *satt* zu kriegen, für den ist die richtige Ernährung des Kindes weiß Gott eine Aufgabe. Unsere Kinder finden einen gefüllten Kühlschrank vor, sie haben ein reichhaltiges Angebot – ich sehe keinen Anlaß, aus ihrer Ernährung eine »Aufgabe« zu machen und gar noch Speisepläne zu erstellen; denn da kein Mensch, der wählen kann, tagein, tagaus das gleiche ißt, gelangen sie ohne »Erziehung« zu einer ausgewogenen Kost.

Ravis bester Freund, Mario, ist ein kleiner Dicker, der immer Appetit hat, vornehmlich auf Kalorienreiches. Wenn er bei uns ist, schaffe ich die Schokolade außer Sichtweite und sorge dafür, daß die Obstschale auf dem Spieltisch steht. Aber soll ich ihm verbieten, daß er Ravi, der sich ein (trockenes) Brot holen will, in die Küche folgt, um sich auch eine Scheibe (oder lieber

gleich zwei) zu schmieren? Er ist immer hungrig. Wenn Mario
für beide Kotelettes brät, nimmt er sich das größere und nagt es
bis auf den Knochen ab, während der magere Ravi von seinem
kleinen das Fett, vor dem er sich ekelt, sorgfältig entfernt.

Die Pfunde, die Mario bei einer Abspeckkur unter ärztlicher
Aufsicht verloren hatte, hat er längst wieder drauf. Seine Mutter hat ihre jahrelangen Bemühungen nun eingestellt und sich
damit abgefunden, daß ihr Sohn dick ist und sehr wahrscheinlich rund bleiben wird.

Für die Stillfanatiker erwähne ich, daß die Flasche als Ursache
für Übergewicht nicht in Frage kommt: Mario ist mehrere Monate lang gestillt worden. Wahrscheinlich ist er mollig, weil sein
Vater einen schönen dicken Bauch hat und seine Mutter ebenfalls rund ist.

Obwohl ihn viele »Dickerchen« rufen, hat er wegen seines Bau-
ches keine Komplexe. Dank seiner liebenswerten Eigenschaften erfreut er sich allgemeiner Beliebtheit. Mir gefällt er
rundum: immer freundlich und guter Laune, gutmütig und
hilfsbereit. Minderwertig hat er sich zum ersten Mal gefühlt, als
seine Kinderärztin mit ihm die Abmagerungskur vereinbaren
wollte: Schlank ist richtig, dick ist falsch.

Ganz fest hat er geschworen, nie wieder nach dem Mittagessen
heimlich in der Küche die Erdbeermarmelade pur zu schlecken.
Und er hat diesen Schwur auch gehalten – zwei Wochen lang. Er
war fest entschlossen, nur das Magere vom Fleisch zu essen und
statt süßer Limonade nur Mineralwasser zu trinken – aber ist es
nicht schon für einen Erwachsenen schwer genug, die Disziplin
aufzubringen, die für eine erfolgreiche Schlankheitskur notwendig ist? Drollig meinte er zu mir: »Wie es in der Bibel steht –
der Geist ist willig, aber das Fleisch ist schwach.«

Seit einigen Jahren frage ich mich, warum unser Freund nicht in
Ruhe dick sein darf. Wegen der angeblich verkürzten Lebenser-
wartung? Warum soll er denn nicht freundlich und zufrieden
mit dreiundsiebzig sterben, statt noch weitere fünf Jahre miese-
peterig dabei zu sein? Oder: Damit er nicht gehänselt wird?
Dieses Argument, das ich am häufigsten höre, ist mir äußerst
unsympathisch. Schüler finden immer etwas, wenn sie jemanden verspotten wollen. Der eine hat O-Beine, die andere einen
schiefen Mund. Wer Dicke dünn machen will, damit sie nicht
gehänselt werden, müßte konsequenterweise dafür plädieren,
jedwede Abweichung von Idealnormen wegzuoperieren.

Wir brauchen den Jungen nicht damit zu trösten, daß es noch

Dickere gibt als ihn. Es genügt, daß wir ihm das Gefühl geben, daß wir ihn gerne mögen – mit oder ohne Bauch. Das haben seine Eltern immer getan während seiner Kindheit in Australien, fern ab von den Mondänstadtnormen. Auf die (nutzlose) Schlankheitskur sind sie erst hier verfallen, nachdem man sie hat wissen lassen, daß verantwortungsbewußte Eltern ihre Kinder bewußt kalorienarm ernähren, dicke Kinder also ein Indiz für nachlässige Betreuung sind.

Inzwischen hat die Mutter beschlossen, sich nicht länger verrückt machen zu lassen von den diversen Theorien zum Schlankessen. Sie achtet weiterhin darauf, daß er sich hauptsächlich mit Obst und Salaten vollstopft, aber für den ganzen Terror einer rigorosen Schlankheitskur will sie nicht noch einmal ihre Nerven zerrütten.

Während Annegret das Pech hatte, in einer Zeit zu entbinden, in der das Stillen wie ein Evangelium verkündet wird, kann Marios Mutter sich jetzt glücklich schätzen, daß die alten Theorien über das Dicksein schwinden, um neuen Wahrheiten Platz zu machen. Nachdem sich unzählige Mediziner, Forscher und Journalisten an dem Schlankheitsbedürfnis der Dicken finanziell saniert haben, beginnt man heute dafür zu plädieren, die Übergewichtigen, dick wie sie sind, zu akzeptieren. Die negativen Folgen des Dickseins seien übertrieben worden, heißt es nun. Wichtiger als das ideale Gewicht sei die psychische Balance.

Ob diese neue Theorie *richtig* ist? Wer wollte das beurteilen können? Mir ist sie auf jeden Fall sympathischer als die alte, denn es widerstrebt mir, ein Kind zu drangsalieren, nur damit es irgendeiner Norm gerecht wird. Bei unserer Tochter würde ich mich wie Marios Mutter darauf beschränken, für reichlich Obst zu sorgen und den Verzicht auf Schokolade und Puddings nahezulegen. Vor allem aber würde ich sie wissen und fühlen lassen, daß wir dick nicht schlechter finden als schlank und sie auf die netten Dicken in unserem Bekanntenkreis hinweisen, die keineswegs unglücklich sind und von uns besonders geschätzt werden.

Für Mario und seine Eltern hoffe ich, daß sich die neue Theorie, daß Dicke in Ruhe gelassen werden sollten, lange hält, weil ich es ihnen von Herzen gönne, daß sie für eine Weile von dem Vorwurf, undiszipliniert, nachlässig und verantwortungslos zu sein, verschont bleiben.

IV. Bewegung

Unsere Kinder haben sich bis zu ihrem zwölften (Anand) beziehungsweise achten (Ravi) Lebensjahr nie ausreichend bewegen können, weil sie wie die überwiegende Mehrheit deutscher Kleinkinder in hellhörigen Etagenwohnungen ohne hausnahe Spielmöglichkeiten aufgewachsen sind. Andere Kinder aus gleichen Wohnungen hatten zwar den Eindruck, daß unsere Kinder »Freiheiten« genießen, aber diesen Eindruck hatten sie nur deswegen, weil sie selbst noch stärker eingeschränkt waren als unsere.

Da wir uns bemüht haben, den schlimmen Mangel dadurch zu mildern, daß wir innerhalb der Wohnung Aktivitäten gestatteten und ermöglichten, die Etagenkindern im allgemeinen verboten sind, konnten sie sich etwas besser entfalten als ihre Freunde, aber sie waren weit davon entfernt, über das Ausmaß an Bewegungsfreiheit zu verfügen, das sie aufgrund ihrer natürlichen biologischen Bedürfnisse benötigt hätten.

Wir haben die Wohnung ›umgenutzt‹ und den Kindern den größten Raum (das eigentliche Wohnzimmer) gegeben. Wir haben Berge von Matten angeschafft, damit sie in der Wohnung turnen und Höhlen bauen konnten. Sie durften sich mit Pinsel und Farbe und Knetmasse kreativ betätigen, weil wir den Teppich von vornherein als »verloren« abgeschrieben hatten. Es ging ihnen besser als vielen Kindern in gleichen Wohnsituationen, aber ihre Spielmöglichkeiten waren minimal und steril im Vergleich zu denen, die ich selbst und die meisten Leute meiner Generation noch hatten.

Geborgenheit und kreative Spielmöglichkeiten – als Vierundzwanzigjährige mit meinen Erfahrungen von heute würde ich kinderlos bleiben, wenn es mir nicht möglich wäre, diese Grundbedürfnisse des Kindes zu befriedigen.

Den Gedanken, ein weiteres Kind zu adoptieren, würde ich weit von mir schieben, wenn wir heute noch so wohnten, wie wir zwölf Jahre lang gewohnt haben. Das mindeste, was ich heute für mein Kind verlangen würde, wären neben Sandkasten, Wippe und Schaukel eine Matschgrube mit Wasserzulauf und die Möglichkeit, mit Brettern und Balken Hütten zu bauen. Mein Kind sollte sich ferner ein Tier halten und über mindestens sechs Quadratmeter Land als Pflanzer frei verfügen können. Vor allem aber müßte es *wild* toben, also laut sein dürfen.

Da die Voraussetzungen dafür, daß ein Kind ausgelassen, lärmend, kreativ mit den natürlichen Elementen Sand, Erde, Wasser und Holz »arbeiten« kann, bei uns jetzt gegeben beziehungsweise leicht herstellbar sind, sehe ich eine ausgelastete, zufriedene Tochter vor mir, die weitgehend »nebenbei« ohne großen Erziehungseinsatz mit groß wird. Unter den üblichen Wohnbedingungen junger Familien, die zwölf Jahre lang auch unsere waren, würde ich heute kein Kind mehr aufziehen wollen. Denn der Streß, in den man gerät, wenn man durch eine kinderfeindliche Umwelt dazu gezwungen wird, dem Kind die Natur abzudressieren, macht die gelassensten Eltern kaputt.

Rückblickend stelle ich fest, daß weit mehr als die Hälfte meines gesamten ›erzieherischen‹ Einsatzes dem Ziel diente, die negativen Auswirkungen unserer miserablen Wohnsituation zu mildern. Pausenlos war ich damit beschäftigt, mir etwas Interessantes einfallen zu lassen, damit die Kinder, die sich draußen nicht ausgetobt hatten, in der hellhörigen Wohnung nicht zu laut wurden. Statt an meinem Schreibtisch zu arbeiten, während die Kinder draußen im Matsch Staudämme konstruierten, saß ich auf irgendeiner Bank in irgendeinem per Auto erreichten Freizeitgelände und blätterte eine Illustrierte durch. Statt mich selbst über Mittag hinzulegen, setzte ich mich mit den Kindern an ein Puzzle, damit sie auch ja nicht herumliefen während der Mittagsruhe.

Ich habe seit langem den Wunsch, eine Tochter zu adoptieren, aber so stark ist dieser Wunsch nicht, daß ich für seine Erfüllung noch einmal bereit wäre, die Strapazen auf mich zu nehmen, die in einem typischen deutschen Mehrfamilienhaus allein aus der Notwendigkeit, Spiellärm zu unterbinden, resultieren. Wer jung verheiratet unbedingt ein Kind möchte, wird sicher vor keinen Schwierigkeiten zurückschrecken. Aber denjenigen, die zögernd ein Kind nur erwägen, empfehle ich, den Erziehungsalltag bei Freunden einmal gründlich zu studieren und den Aufwand der Kinderbetreuung in einer kinderfeindlichen Gesellschaft nicht zu unterschätzen. Denn dieses tägliche ›Sei still, dein Lärm stört!‹ ist ein Schneeball, der sich leicht zu einer Lawine entwickeln kann: Die Eltern machen das Kind aggressiv. Die Aggression des Kindes macht die Eltern nervös. Die nervösen Eltern schreien das Kind an ... Die entspannte Familienatmosphäre ist dahin.

1. Kann man auf Etage Kinder halten?

Die Beantwortung dieser Frage hängt von dem Standort des Mehrfamilienhauses ab. Ich habe knapp eineinhalb Jahre problemlos in einer hellhörigen Mehrfamilienhaussiedlung gewohnt – aber das war in Indien. Niemand störte sich an dem Lärm spielender Kinder. Wenn sie in Horden durch das Treppenhaus tobten, wackelte mein Schreibtisch – aber in dem ganzen Haus gab es nicht einen Erwachsenen, der das mit dem Spiel Räuber und Gendarm verbundene Gebrüll unzumutbar gefunden hätte.

Auch in Spanien, Mexiko, Italien, Südfrankreich oder Brasilien hätte ich keine Bedenken, mit einem Kind eine Etagenwohnung zu mieten oder zu kaufen.

Maria hat in Belo Horizonte (Brasilien) eine siebzig Quadratmeter große Eigentumswohnung, in der sie mit zwei Kindern lebt. Das zweiundzwanzigstöckige Haus liegt in der City. Die siebte Etage ist ganz Gemeinschaftsbereich, auf dem Dach gibt es ein Schwimmbad mit Liegewiese, Sand, Matsch, Bäumen und Sträuchern.

Die Wohnung ist nicht zu eng für vier Personen, weil die Kinder vor allem, aber auch die Erwachsenen, die Gemeinschaftsbereiche stark nutzen.

Maria braucht ihre Kinder nicht leise zu halten, weil die Leute unter und neben ihr Kinderlärm nicht störend finden. Sie braucht den Kindern nur eine kurze Gute-Nacht-Geschichte zu erzählen, weil sie ausgetobt und müde abends sofort einschlafen. Wo spielen und lärmen die Kinder?

Obwohl erst zwei und vier Jahre alt, gehen sie selbständig ohne Elternbegleitung zu den Spielplätzen auf dem Dach und in der siebten Etage. Das Problem der ›Schwellenangst‹ haben sie nicht; denn die drei Fahrstühle werden von einem Führer bedient, den sie gut kennen und der sie sicher zu dem gewünschten Ziel bringt.

Auf dem Dach spielen sie mit Wasser und Sand. Jeder weiß von seinem Urlaub am Strand, daß man sich um Kinder nicht mehr zu kümmern braucht, wenn die elementaren Spielelemente Wasser und Sand zur Verfügung stehen, die durch kein noch so ausgeklügeltes Spielgerät ersetzt werden können. Manchmal besucht Maria ihre Kinder auf dem Dach und legt sich mit einem Buch in einen Liegestuhl, aber nötig ist die Nähe der »Bezugsperson« nicht; denn die älteren Herrschaften, die sich dort regelmäßig aufhalten, sind längst Vertraute geworden, die die Kinder beiläufig mitbetreuen.

Auf der siebten Etage ist da Cruz als kostenloser Kinderhüter tätig. Herr da Cruz betreibt Bar, Restaurant und Imbiß (Kantine) kommerziell. Es gibt zwar eine abgetrennte Spielstube, aber die Kinder nutzen alle Räume. Dabei kleckern sie Tische voll, beschmieren Clubsessel mit Kaugummi, lassen Comics liegen (die da Cruz für sie aufbewahrt) und toben ohne Rücksicht auf des Besitzers Nerven, indem sie etwa Hindernisrennen über gute Restauranttische und teure Sessel veranstalten.

Der Pächter der siebten Etage hat objektiv eine Menge Putz- und Aufräumarbeiten durch die Kinder, an denen er kaum etwas verdient. Warum weist er sie nicht zurecht? Warum beschwert er sich nicht bei den Eltern? Auf so eine Idee käme er nie; denn die Möglichkeit, daß Kinder akkurat und still sein könnten, zieht er nicht in Erwägung. Er betrachtet diesen Zustand als natürlich und unabänderbar.

Das Akzeptieren biologischer Notwendigkeiten ist eine Leistung, die in Deutschland Erwachsene für ihre Hunde erbringen. Jeder Hundehalter nimmt es als gegeben hin, daß das Tier mindestens einmal am Tag ausgeführt werden muß. Das braucht der Hund, er weiß es. Also geht er auch dann, wenn er müde ist und keine Lust hat.

Im Gegensatz zu ihm weiß Herr da Cruz, daß auch der Bewegungsdrang des Kindes keine Unart ist, sondern ein natürlicher Trieb, der seine Befriedigung verlangt. Das Verbieten von Bewegung käme ihm ebenso absurd vor wie das Vorenthalten von Nahrung, wenn das Kind hungrig ist.

Selbst wenn da Cruz kinderfeindlich eingestellt wäre, würde er die rücksichtslose Beanspruchung seiner Restauranträume durch die Kinder des Hochhauses widerspruchslos dulden. Denn diese Großzügigkeit wird von den Eltern erwartet. Die Eltern sind ihm auch nicht dankbar für seinen Service. Sie sehen darin keine kinderfreundliche Leistung, sie betrachten es als eine Selbstverständlichkeit, daß er die Auswirkungen des natürlichen kindlichen Bewegungsdranges geduldig akzeptiert. Kinderfeindlich eingestellt würde da Cruz seinen Ärger hinunterschlucken; denn andernfalls wäre er seinen Pachtvertrag los.

Auch die Gäste des Herrn da Cruz fühlen sich durch die Kinder nicht gestört. Marias Mann ist Ingenieur und wissenschaftlich tätig. Er hat fünf Kollegen eingeladen für ein Fachgespräch über ein wichtiges Planungsprojekt. Da ich mich dafür interessiere, nehme ich an der Konferenz teil. Sie findet bei da Cruz in der siebten Etage statt, wo auch bis auf die Schwiegereltern und einige weitere enge Verwandte die privaten Gäste empfangen werden, weswegen das Wohnzimmer mit vierzehn Quadratmetern groß genug ist.

Wir sitzen in dem abschließbaren ›Konferenzraum‹ neben dem Restaurant. Die Tür steht offen. Niemand von uns erhebt sich, um sie zu schließen. Da Cruz serviert Getränke. Mit ihm kommt eine Sechsjährige, die neugierig an unserem Tisch sitzen bleibt. Niemand sagt etwas dazu. Eine Viertelstunde später strömt eine zehnköpfige Horde ins Restaurant. Wir können einander akustisch nicht mehr verstehen und heben die Stimme. Keiner der Wissenschaftler zieht die Stirn kraus. Schließlich kommt da Cruz und schließt die Tür. Wegen der hellhörigen Bauweise findet unser Gespräch über ein kompliziertes Projekt, das die volle Konzentration erfordert, jedoch auch nach Schließen der Tür unter einem Geräuschpegel statt, den in Deutschland auch relativ kinderfreundliche Erwachsene unzumutbar nennen würden. Wir aber können uns alle bestens konzentrieren.

Warum können diese Männer das, die allesamt in leitenden Funktionen einen gestreßten Zehnstundentag haben? Warum fühlt sich keiner gestört? Warum bittet keiner da Cruz, die Kinder in die Spielstube zu befördern?

Auf einem Lärmkongreß in Köln hat ein Wohnungsmediziner über die Lärmempfindlichkeit seiner Eltern referiert, die eine Bäckerei hatten. Wenn die Gesellen in der Frühe die Maschinen in Gang setzten, flogen seine Eltern in ihren Betten hoch. Alsdann legten sie sich seelenruhig wieder hin und schliefen bei dem enormen Lärm wunderbar. Was da unten arbeitete, war ihr Kapital. Sie konnten den Lärm deswegen so gut verkraften, weil sie eine positive Einstellung zu der Ursache hatten.

Aus eben diesem Grund konnten sich die brasilianischen Wissenschaftler ganz ausgezeichnet konzentrieren bei dem Lärm, dessen Ursache Kinder waren.

Ich betrachte Marias Wohnsituation – siebzig Quadratmeter, sechzehnte Etage – als mindestens ebensogut wie meine jetzige in einem geräumigen Einfamilienhaus. Wohnhaft in Belo Horizonte würde ich wie sie eine Etagenwohnung in der City dem abgelegenen Wohnen am Stadtrand vorziehen. Aber mit meinen deutschen Bekannten, die eine erheblich größere »schikkere« Eigentumswohnung erworben haben, möchte ich, solange ich Kinder unter siebzehn habe, nicht tauschen; denn sobald sich ihre Kinder einmal etwas lauter bewegen, meldet sich irgendein »Gestörter«.

Daß Maria mit ihren Kindern nicht herumschimpft, liegt nicht an ihrem außergewöhnlich geduldigen Wesen, sondern daran, daß sie von kinderfreundlichen Menschen umgeben ist, die keine Rücksichtnahme fordern, sondern auf Kinder Rücksicht nehmen. Sie und ihr Mann haben als Erzieher ein bequemes Leben; denn mit der unmöglichen Aufgabe, dem Kind die Natur abzudressieren, sind sie nicht konfrontiert.

2. Sich mit den vorgefundenen Wohnbedingungen arrangieren

Die Kinderfeindlichkeit der Deutschen ist in unzähligen Publikationen beklagt worden. Vielleicht wird der Geburtenrückgang eine Verbesserung der Wohnsituation der Kinderfamilien erzwingen – wer sich aber momentan mit dem Gedanken trägt, ein Kind in die Welt zu setzen, muß versuchen, sich mit dem miserablen Status quo zu arrangieren.

Karin und ihr Mann erwägen ein zweites Kind. Sie wollen sich bald entscheiden, weil ihr Sohn schon fast fünf Jahre alt ist. Zur Zeit leben sie in einer der üblichen Neubauwohnungen. Wenn der Vierjährige vom Stuhl hopst, klopft der »Untermieter« mit dem Besen gegen die Decke. Wenn der Junge sein Dreirad unter den Briefkästen stehenläßt, klingelt jemand bei Karin, um sie zu bitten, ihr Kind besser zu erziehen. Wenn er in der sonnigen Mittagszeit draußen Roller fährt, werden seine Eltern als rücksichtslos beschimpft.

Während Karins Mann unbedingt noch eine Tochter haben möchte, will Karin lieber verzichten, wenn es ihr nicht gelingt, eine halbwegs passable Wohnsituation zu finden. Aus Gründen, die jedem, der in einem üblichen deutschen Mehrfamilienhaus Kinder aufgezogen hat, unmittelbar einleuchten, strebt Karin ein Eigenheim an. Aber für ein Einfamilienhaus reicht das Gehalt des alleinverdienenden Ehemannes nicht. Welche Alternativen sind denkbar?

Ich schlage ihr vor, in der Lokalzeitung eine Annonce aufzugeben, in der sie ihre Situation ausführlich erklärt, daß sie nämlich ein vierjähriges Kind habe und ein weiteres plane. Sie beschreibt, was sie momentan mit ihrem Sohn erlebt und fordert Leidensgenossen auf, sich bei ihr zu melden. Ziel: Gemeinsamer Erwerb eines Komplexes mit Eigentumswohnungen. Mit großer Wahrscheinlichkeit hat sie bald eine Gruppe junger Eltern zusammen, die von der Vorstellung, ausschließlich kinderliebe Nachbarn zu haben und nie wieder »Sei leise!« mahnen zu müssen, fasziniert sind. Die jungen Eltern treffen sich regelmäßig und entwickeln ihre Vorstellungen zu den Grundrissen der einzelnen Wohnungen, zu den Gemeinschaftsspielräumen, den Freispielanlagen und der Hausordnung (§ 1: »Das Spielen in der sonnigen Mittagszeit ist besonders zu fördern.«) Alsdann treten sie an ein Unternehmen heran, das Eigentumswohnungen baut. Den Gedanken, selbst ein Grundstück zu erwerben, um über den Architekten frei befinden zu können, sollten sie sich aus dem Kopf schlagen; denn die Baugrundstücke sind längst fest in großen Händen. Da es für den Verkäufer geplanter Eigentumswohnungen ideal ist, den gesamten Komplex auf einen Schlag abzusetzen, dürfte es der Gruppe möglich sein, ihre Vorstellungen durchzusetzen.

Das Wohnen in einem Komplex mit lauter kinderfreundlichen Leuten hat gegenüber dem Wohnen in einem Einfamilienhaus viele Vorzüge: 1. Das Kind findet in der unmittelbaren Nachbarschaft genügend altersgleiche Spielfreunde und braucht deswegen nicht chauffiert zu werden. 2. Da die Erwachsenen sich in einer ähnlichen Situation befinden, können sie sich gegenseitig behilflich sein. Wenn Karins Kinder heute von Schulzes mitbetreut werden, braucht sie sich nicht dankbar zu fühlen; denn übermorgen schon wird sie sich revanchieren, indem sie Schulzes Kinder einlädt. 3. Da es in dem Komplex zirka zwanzig oder fünfundzwanzig Kinder gibt, obwohl er nur zwölf oder fünfzehn Wohneinheiten zählt, lohnen sich die aufwendigsten Spielräume. Anschaffungen, die sich der Eigenheimer für seine zwei Kinder nicht leisten kann, lassen sich als Gemeinschaftsanschaffungen leicht finanzieren. 4. Wenn alle beim Einzug kleine Kinder haben, haben sie zehn oder fünfzehn Jahre später alle einen oder zwei Jugendliche im Haushalt. In den Gemeinschaftsräumen (die in willkürlich gemischten Mehrfamilienhäusern wegen Streitigkeiten selten genutzt werden) kann ein Angebot für Jugendliche geschaffen werden, so daß die Heranwachsenden nicht an Pommes-frites-Buden und in Kneipen herumzulungern brauchen. Jugendliche, die im Keller eine Tischtennisplatte, einen Billardtisch, ein Kickergerät, eine Werkstatt zum Basteln, Schreinern und Töpfern sowie einen gemütlichen Raum für heiße Musik und Tanz vorfinden, dürften wenig motiviert sein, ihre Langeweile durch Ladendiebstahl oder Drogenkonsum zu bekämpfen.

Als Mieter würde ich versuchen, ein älteres Einfamilienhaus zu ergattern, das etwa deswegen preiswert ist, weil es noch keine Zentralheizung hat. Die Chancen sind aber gering, weil erstens das Angebot klein und zweitens das nostalgische Wohnen heute schick ist, so daß sich auch viele Kinderlose um Hütten mit Grün für die biologischen Tomaten bemühen.

Unter den Etagenwohnungen würde ich Altbauwohnungen vorziehen, die aufgrund einer solideren Bauweise oft weniger hellhörig sind und meistens eine große Wohnküche haben.

Grundsätzlich würde ich nur eine Parterrewohnung anstreben: 1. Wenn unter mir niemand wohnt, können meine Kinder als Trittlärmproduzenten nicht stören. 2. Parterrekinder spielen weitaus häufiger im Freien als Kinder, die oben wohnen, weil sie die sogenannte Schwellenangst nicht zu überwinden brauchen und auf dem Spielplatz das Gefühl haben, die Eltern, die in ihrer Wohnung geblieben sind, jederzeit erreichen zu können. Die Chancen, eine Parterrewohnung zu finden, sind so gering nicht; denn viele Mieter wollen auf keinen Fall im Erdgeschoß wohnen, weil sie sich entweder vor Einbrechern fürchten oder aber meinen, in die untere Wohnung werde mehr Schmutz von draußen getragen.

Wenn ich zwischen mehreren Parterrewohnungen wählen könnte, würde ich prüfen, wie der hausnahe Spielplatz genutzt wird. An einem sonnigen Tag würde ich in der Mittagszeit mindestens zwei Stunden lang beobachten, ob und wie die Kinder draußen spielen und wie die Anwohner auf Lärm reagieren. Wenn sie nämlich wie in den Fällen, die der Kölner Kinderschutzbund gesammelt hat, von Balkonen mit Bierflaschen nach zu laut spielenden Kindern werfen, würde ich die Wohnung vorsichtshalber lieber nicht nehmen. Schon wildes »Seid nicht so wild«-Gebrüll würde mich bedenklich stimmen.

In Erfahrung bringen würde ich, wie viele Kinder bereits in dem Haus leben. Je mehr desto besser. Dann brauche ich meine Kinder nicht nur nicht zu Spielfreunden zu chauffieren, ich kann auch darauf hoffen, daß ihr Spiellärm in dem allgemeinen Kinderlärm untergeht.

Auch den Straßenverkehr würde ich genau studieren, um festzustellen, ob ich meine Kinder ohne Sorge unbeaufsichtigt Dreiradfahren und Rollschuhlaufen lassen kann.

Karin sucht bereits seit einiger Zeit. Bisher hat sie nichts anderes gefunden, als das, was sie bereits hat. Ihr Mann zweifelt an der von mir vorgeschlagenen Möglichkeit des gemeinsamen Erwerbs eines Komplexes mit Eigentumswohnungen durch Kinderfreundliche: »Bei den heutigen Zinsen können wir und andere junge Eltern nicht einmal eine Eigentumswohnung schaffen.«

Karin hat eine Zweieinhalbzimmerwohnung im fünften Stock. Mit einem weiteren Kind bräuchte sie eine größere. Alle attraktiven (ruhige Lage, Sackgasse, kleiner Komplex), die sie besichtigt hat, sind an Personen ohne Kinder vergeben worden. Sie will noch einige Monate weitersuchen und sich auf Parterrewohnungen spezialisieren. Ihr Mann, der den ganzen Tag außer Haus ist, versteht nicht so recht, warum sie »nur wegen der Wohnung« größte Bedenken hat, ein zweites Kind aufzuziehen. Ich schlage ihm vor, seine Frau für drei oder vier Wochen allein zum Skifahren zu schicken und seinen Urlaub mit dem Sohn in der Wohnung zu verbringen: »Gewisse Dinge muß man am eigenen Leibe erfahren haben, um sie begreifen zu können.«

3. Anderen Eltern den Rücken stärken

Doris hat drei Tage nach ihrem Einzug in ein übliches Mehrfamilienhaus einen Rundumbesuch bei allen Leuten mit Kindern gemacht. Sie hat sich mit ihrem vierzehn Monate alten Baby vorgestellt und erklärt, daß sie Kinderlärm gut vertragen könne und deswegen nicht vorhabe, sich jemals über spielende Kinder zu beschweren: »Auf uns brauchen Sie also keine Rücksicht zu nehmen. Daß Kinder sich bewegen und dabei nicht leise sind, ist ja normal.«

Damit war der Mutter über ihr ein Stein vom Herzen gefallen: »Ich hatte schon richtig Angst, als ich hörte, daß sie nur ein Baby haben, das ja noch nicht spielt und tagsüber oft schläft.« Doris' Baby schläft bei Kinderlärm genausogut und fest wie unsere Kinder als Kleinkinder immer bei Hintergrundgeräuschen geschlafen haben; denn es wird nicht zu bestimmten Zeiten zum Schlafen abgelegt, es schläft dann, wenn es müde ist. Deswegen sind die drei Kinder über ihr für Doris wirklich kein Problem. Aber davon konnte die Mutter nicht ausgehen. Auch wir haben einmal, als wir unter fünf Kindern wohnten, ausdrücklich darauf hingewiesen, daß wir nicht beabsichtigen, uns über Kinderlärm zu beschweren. Das muß man, wenn man Leuten mit Kindern das Leben erleichtern will. Es genügt nicht, das Mekkern zu unterlassen. In einem Land, in dem es normal ist, sich über Kinder zu beschweren, muß man einen Schritt weitergehen und den Eltern die Angst nehmen vor der *Möglichkeit* einer Beschwerde.

Die Mutter neben Doris erklärte spontan: »Also, mich hat Kinderlärm auch noch nie gestört. Wie die Leute sich hierzulande anstellen! Wenn ich an unseren Urlaub in Italien denke ...«

In Doris' Mehrfamilienhaus bilden wie in den meisten gemischten Mehrfamilienhäusern die Familien mit Kindern die Minderheit. Denn nicht nur die kleinen, sondern auch ein großer Teil der Drei- und Vierzimmerwohnungen sind an Kinderlose oder Ältere vermietet. Trotzdem fühlen sich Mieter mit Kindern heute nicht mehr ganz so hilflos wie vor Doris' Einzug, weil jetzt der eine von dem anderen weiß, daß er die eigenen Kinder duldet, wenn man sich gegenüber seinen großzügig gibt.

Doris hat Klarheit geschaffen. Als ein Vater meinte, »stimmt, wenigstens wir sollten kinderfreundlich sein!«, hat sie ihn korrigiert: »Als kinderfreundlich würde ich jemanden bezeichnen, der in seiner Freizeit ehrenamtlich behinderte Kinder betreut oder sonst etwas Außergewöhnliches tut. Denjenigen aber, der lediglich das normale Verhalten normaler Kinder akzeptiert, würde ich normal nennen.«

Seitdem korrigiert eine der couragierteren Mütter Mitbewohner, die sich darüber beschweren, daß ein Kind »zu laut« war, regelmäßig: »Sie meinen, die Kleine hat mal ganz normal gespielt.« Doris' Lernziel ist es, den anderen Bewohnern die Überzeugung einzuimpfen, daß derjenige, der sich über gesundes lebendiges Kinderverhalten beschwert, ›nicht ganz normal‹ ist. Bisher hat sie erst einen alleinstehenden Rentner ›bekehrt‹. Wenn der jetzt von anderen auf den Lärm eines singend nach oben laufenden Kindes angesprochen wird, meint er: »Das ist eigentlich ganz normal.« Dieser ältere Herr tut sich selbst mit seiner neuen Duldsamkeit den größten Gefallen; denn jetzt wird er des öfteren von Kindern gefragt, ob er etwas brauche oder ob man etwas für ihn von Edeka mitbringen könne.

Seitdem die Leute mit Kindern sich gegenseitig stützen, haben die Beschwerden deutlich nachgelassen. Denn wenn jemand über Meiers Kinder schimpft, dann hält Frau Menzel sich nicht mehr »aus allem raus«, sondern vertritt die abwesenden Meiers und erklärt: »Ich weiß wirklich nicht, was Sie haben. Das ist doch ganz normal.«

Auch in Hannas Haus bilden die Leute mit Kindern die Minderheit. Nachdem sich Mitbewohner über das ›Trampeltier‹ mehrmals beschwert hatten, sah sich der Hausverwalter dazu veranlaßt, die Eltern schriftlich um ›mehr Rücksichtnahme‹ zu bitten. Ich empfahl ihnen, den Beschwerdebrief mit den anderen beiden Eltern des Hauses zu besprechen. Es stellte sich heraus, daß auch die alleinerziehende Mutter neben ihnen und das Ehepaar im vierten Stock bereits Mahnungen wegen ihrer Kinder erhalten hatten. Aber niemand hatte es von dem anderen gewußt. Jeder hatte sich still allein geschämt und sich durch die Beschwerden motiviert gefühlt, den Lärm der anderen Kinder zu kritisieren. Das werden sie in Zukunft nicht mehr tun. Sie haben das von Hannas Mutter aufgesetzte Antwortschreiben mitunterzeichnet. Hannas Mutter hat geantwortet, daß ihre Tochter nicht mißraten, sondern ganz normal lebendig sei und daß sie von den Mitbewohnern mehr Rücksichtnahme auf die natürlichen Bedürfnisse des »Rentnernachwuchses« erwarte. Seitdem die drei Kinderfamilien an einem Strang ziehen, fühlen sie sich sicherer und reagieren gelassener auf kinderfeindliche Äußerungen.

4. Das Kind in der Öffentlichkeit.
Oder: Was ist normal?

Doris hat sich die Plakette *Mehr Herz für Kinder* nicht an ihr Auto geklebt. Ihr widerstreben Texte, die suggerieren, daß derjenige, der sich lediglich »normal« verhält, schon kinderfreundlich sei oder ein besonders guter Mensch (mit Herz). Sie bastelt an Slogans, aus denen hervorgeht, daß Toleranz gegenüber Kindern normal und Unduldsamkeit ein Indiz für psychische Störungen ist.

Über die Normalität hatte ich vor etwa einem Jahr im Düsseldorfer Flughafen einen lustigen Disput mit einem Mitreisenden, einem Manager in leitender Position.

Situation: Es ist zwischen sieben und acht Uhr morgens. Ich sitze in dem Warteraum der Maschine nach München. Außer mir gibt es noch eine weitere Frau. Alle anderen Fluggäste tragen einen dezenten Anzug und einen leichten unauffälligen Mantel über dem Arm. Die meisten stellen das Statussymbol wichtiger Linienflieger, die gestreßte Miene, demonstrativ zur Schau.

58

Die Mutter zweier Kinder hat sich neben mich gesetzt, und wir haben uns bekanntgemacht. Sie ist Kinderärztin und fliegt zu einem Kongreß. Ihre vierjährige Tochter und der zweieinhalbjährige Sohn besuchen während der Fachtagung eine Lieblingstante in München.

Das Mädchen hat einen Netzball an einer Schnur befestigt und läuft damit durch die Sesselreihen. Der kleine Bruder versucht, hinterherstolpernd, den Ball zu schnappen. Wenn er ihn erwischt, jauchzt er, wenn er danebengreift, heult er wütend auf. Ich beobachte die Wartenden. Noch halten sie sich stirnrunzelnd zurück. Aber das kann nach meinen Erfahrungen nicht mehr lange dauern.

»Wollt ihr euch nicht einmal hinsetzen?« Der beruflich Reisende, der das vorschlägt, ist noch gequält freundlich.

Aber als das Mädchen mit dem Ball einen Diplomatenkoffer umstößt, brummt der Betroffene mit scharfem Blick zur Mutter schon unmißverständlich deutlich: »Jetzt ist es aber bald genug!«

Bisher hat noch keiner die Mutter direkt aufgefordert, ihre Kinder stillzuhalten. Aber in mehreren Mienen bahnt sich diese Aufforderung sichtbar an. Beunruhigt klappt die Mutter den Bericht zu, den sie noch eilig vor dem Kongreß durchgehen wollte. Sie ruft die Kinder zu sich.

»Wollten Sie nicht lesen?« frage ich.

»Ja, aber die Kinder stören.«

»Mich nicht.«

»Aber die Herren! Das sieht man doch.«

»Wenn Sie Ihren Bericht weiterstudieren, sehen Sie das nicht.« Sie lacht.

Ich frage sie, wie viele Stunden sie in den letzten Tagen gearbeitet und wie viele Stunden sie als berufstätige Mutter geschlafen hat. Gearbeitet hat sie auf Hochtouren, und geschlafen hat sie maximal sechs Stunden, und das schon seit Wochen. Ähnliches kann ich von mir berichten. Ob von den gestörten Herren im Warteraum einer unter größerem Streß steht als wir? Unwahrscheinlich. Warum sollten sie nicht das aushalten können, was wir beide auszuhalten bereit sind?

»So sehen Sie das?« wundert sich die Kinderärztin leicht amüsiert. Ja, so sehe ich das. Die Kinder haben zu niemandem etwas Freches gesagt. Sie laufen nicht mit der Absicht herum, andere zu ärgern. Sie tun lediglich das, was die Natur von ihnen verlangt: Sie bewegen sich. Daß sie dabei lachen und heulen, ist nur natürlich. In fünfzig oder hundert Jahren wird die Gen-Manipulation vielleicht die Produktion bewegungsloser Kinder ermöglichen, momentan sind alle kleinen Kinder in allen Teilen der Welt, sofern sie nicht angebunden oder krank sind, bewegungsfreudig.

Die beiden Kleinen stehen vor der Mutter: »Was ist?«

Die Mutter: »Ich wollte euch nur mal die Nase abputzen. So, und nun spielt schön weiter.«

»Eine Rücksichtslosigkeit sondergleichen!« explodiert der Herr drei Sessel links von mir.

Wir überhören seinen empörten Ausruf. Der Mutter gefällt unser »Test«. Sie wird über die Szenen auf ihrem Kongreß berichten und nimmt sich für die Zukunft »ein dickes Fell« vor.

In der Annahme, daß wir Freundinnen seien und zusammen reisen, fordert mich der sich gestört Fühlende auf: »Können *Sie* denn die Blagen nicht zur Ruhe bringen, wenn die Mutter schon nicht weiß, was Rücksichtnahme ist?!«

»Haben die Kinder Sie angespuckt oder Blödmann genannt?« erkundige ich mich, »was machen die Kinder falsch?«

»Idiotische Frage! Der Lärm ist doch nicht mehr auszuhalten!«

»Doch. Sie sehen doch: Ich leide nicht die Spur. Ich finde es heute richtig schön hier. So gemütlich und lebendig.«

Er meint, ich sei wohl nicht ganz normal. Jeden normalen Menschen müsse der Lärm stören.

Ich schlage vor, daß wir die Frage, wer von uns beiden normal ist, vorläufig ausklammern und uns zunächst darauf einigen, daß die Kinder auf jeden Fall normal sind. Ob er irgendeinen Dreijährigen kenne, der nicht gerne herumlaufe?

Daß Dreijährige die Bewegung lieben, will er nicht bestreiten. Aber sein »Demokratieverständnis« sagt ihm, daß in dieser Situation die Kinder festzuhalten seien; denn circa sechzig schwer arbeitende Menschen würden gestört. Ich sei vielleicht eine wohlausgeruhte Hausfrau, die zum Vergnügen nach München fliege und wisse deswegen nicht, was Streß sei und was es heiße, Verantwortung zu tragen.

Nachdem ich ihn über meinen Streß informiert habe, meint er, daß ich dann eben – dafür möge ich Gott danken – ein besonders dickes Fell habe und eine Ausnahme sei, womit die Anfangsfrage, wer von uns normal sei, ihre Antwort hätte.

Ich frage ihn, ob er schon einmal in Italien gewesen sei.

Er kennt die ganze Welt. Außerhalb Europas hat er geschäftlich u. a. in Indien, Brasilien und Mexiko zu tun. Die gemeinsame

Kenntnis einiger Weltflughäfen gibt unserem Disput eine solide Basis.

Ich schlage ihm vor, sich auszumalen, er befinde sich momentan nicht in Düsseldorf, sondern in Bombay, Rio oder Mexico City. Er kann nicht leugnen, daß sich dort unter den Wartenden sicher mehr als nur zwei Kinder befinden und einen weitaus größeren Lärm produzieren würden: »Haben Sie jemals in Rio eine Mutter aufgefordert, ihre wilden Kinder ruhigzuhalten?« Nein. Das hat er nie.

Und warum tut er das in Düsseldorf?

Im Ausland passe er sich den Gepflogenheiten des Landes an, in Deutschland aber verhalte er sich »normal«.

Jetzt habe ich ihn. Wir sind inzwischen fast angefreundet. Hatte er seine These, er sei normal und ich unnormal, nicht auf Zahlen gegründet und »normal« das genannt, was die Mehrheit empfindet?

Ich rechne die Einwohnerzahlen von Brasilien, Mexiko und Indien zusammen und komme auf fast eine Milliarde. Großzügig lasse ich außer acht, daß ich bei Berücksichtigung weiterer Länder leicht auf zwei Milliarden kommen könnte. Fazit: »Bei einer überregionalen Betrachtung – und wir beide denken als Weitgereiste natürlich nicht provinziell! – ergibt sich, daß ich normal bin und nicht Sie. Denn hinter mir stehen Milliarden, hinter Ihnen nur ein paar Milliönchen.«

Er überlegt: »Komisch. In Rio habe ich mich eigentlich gar nicht angepaßt, wie ich vorhin sagte, sondern mich wirklich überhaupt nicht gestört gefühlt.«

Das glaube ich ihm. Er hat sich nicht gestört gefühlt, weil er sich nicht gestört fühlen wollte. Wenn er in Rio auf einen Abflug wartet, weiß er von vornherein, daß die Eltern der herumtobenden Kinder keine Anstalten machen werden, auf ihn Rücksicht zu nehmen. Schon beim Betreten der Halle hat er sich innerlich mit dem vorhersehbaren Lärm arrangiert. Deswegen hält er ihn nicht nur aus, deswegen fühlt er sich »wirklich nicht gestört«.

Er erinnert sich: Vor einer Woche hat er in Bombay den lieben Onkel gespielt, sich ein herumtollendes Kind geschnappt, es auf den Schoß genommen und seine Tasche nach Süßigkeiten abgesucht.

»Letzte Woche waren Sie normal«, anerkenne ich.

Während er in Bombay, völlig rechtlos den rücksichtslosen Kindern ausgeliefert, keineswegs gelitten hatte, hatten die nur zwei

Kinder der Kinderärztin bereits Kopfschmerzen und einen beschleunigten Puls verursacht.

Worunter litt er? Unter dem Spiellärm, der minimal war im Vergleich zu dem Spiellärm, der ihm schon nächste Woche in São Paulo überhaupt nichts ausmachen wird?

Er hat die Düsseldorfer Wartehalle in dem Bewußtsein betreten, daß in Deutschland der Erwachsene König ist, daß er ein Recht auf Ruhe hat und die Mutter die Pflicht der Ruheherstellung. Mit dieser Einstellung im Hinterkopf fühlt er sich nun getreten. Die Kinder verletzen seine »Rechte«, die Mutter verhält sich »undemokratisch«. Während wir diskutieren, nimmt einer der Fluggäste den kleinen Jungen, der hingefallen ist, auf den Schoß, um ihm gut zuzureden: »Nix weh, nix weh!« Wir tippen auf Ägypter oder Perser. Dieser Reisende ist sicher auch eine wichtige gestreßte Person mit Verantwortung auf den Schultern. Wahrscheinlich fliegt er zu einer Firma, um ein bedeutendes Geschäft abzuschließen, über das er eben konzentriert noch einmal nachgedacht hat. Seine berufliche Belastung ist vergleichbar. Warum freut er sich an den Kindern und fühlt sich durch den Spiellärm nicht gestört?

»Für den wäre es eine ›Rücksichtslosigkeit sondergleichen‹«, vermute ich, »von der Mutter zu verlangen, daß sie ihre bewegungsdurstigen Kinder anbindet.«

Wenngleich ihr das Experiment Spaß gemacht hat, fühlt sich die Kinderärztin doch ziemlich erschöpft und einigermaßen erleichtert, als wir zum Einsteigen aufgerufen werden. Achtundfünfzig grimmige Mienen zu ignorieren, ist keine geringe psychische Arbeit. Aber wenn sie ihren Vorsatz, in Zukunft ›dickfällig‹ Kritik an normalem Kinderverhalten zu ignorieren, wahrgemacht hat, dürfte sie inzwischen routiniert sein.

Die Gelassenheit kommt mit der Übung. Über den besorgten Aufwand, den ich früher mit unseren Kindern getrieben habe, damit sie bloß niemanden stören, kann ich heute nur lachen und den Kopf schütteln. Wir haben damals bei geringem Einkommen für viel Geld den großen Spielraum (Wohnzimmer) mit doppeltem Teppichboden ausgelegt. So etwas käme mir heute nicht mehr in den Sinn. Heute würde ich von den ›Untermietern‹ erwarten, daß sie selbstverständlich den normalen kindlichen Trittlärm aushalten. Und sollte ich demnächst in meiner beruflichen Zweitwohnung über mir Kinder haben, werde ich nicht meinen, daß die Eltern Maßnahmen zu ergreifen haben, sondern selbst Maßnahmen ergreifen, wenn mir die Kinder zu laut wären. Denn die Kinder verhalten sich ja nur normal. Wie könnte ich von den Eltern verlangen, daß sie für die Normalität ihrer Kinder finanzielle Opfer bringen! Für meine Empfindlichkeit muß ich schon selbst zahlen und mir gegebenenfalls etwas Schalldämmendes an die Decke kleben.

Wenn ich heute mit Kindern von Freunden unterwegs bin, mache ich keinen Unterschied zwischen Rio und Düsseldorf. Ich gehe vielmehr davon aus, daß auch Brasilianer Nerven haben und nur gewöhnliche Menschen sind und daß ich infolgedessen Deutschen seelenruhig das zumuten darf, was jeder normale Brasilianer anstandslos mit freundlicher Miene akzeptiert. Es käme mir absurd vor, Deutschen Sonderrechte einzuräumen. Warum denn? Warum denn sollte für sie etwas unzumutbar sein, was Milliarden Menschen zumutbar finden? Heute gehe ich mit kleinen Kindern von Freunden in die feinsten Restaurants und lasse sie herumlaufen so wie die Eltern in den meisten Ländern der Welt ihre Kinder in der Annahme, daß die anderen Gäste kinderfreundlich beziehungsweise normal sind, herumlaufen lassen. In der Situation der Kinderärztin wäre ich nicht die Spur nervös geworden. Im Gegenteil: Ich hätte mich nur amüsiert über die Wichtigtuerei gestreßter Herren, die psychisch so schwach sind, daß sie bei ganz normalem Kindergeschrei ihre Contenance verlieren. In allerbester Laune hätte ich meinen Bericht studiert und die Kinder toben lassen; denn ich bin längst routiniert. Ich brauche mir nicht mehr vorzunehmen, verärgerte Äußerungen von Gestörten zu ignorieren, ich ignoriere sie automatisch.

Auch Doris hat die Erfahrung gemacht, daß Gelassenheit nicht nur Einstellungs-, sondern auch Übungssache ist. Während sich die meisten Eltern ihres Bekanntenkreises nur noch zu MacDonald's trauen, wo sie, aus Papier und Plastik essend, keine Angst zu haben brauchen, daß jemand etwas sagt, wenn die Kinder bei Tisch laut sind oder zwischendurch Fangen spielen, geht Doris einmal im Monat mit ihrem Mann oder mit Kollegen in ein piekfeines gutbürgerliches Restaurant. Dieses monatliche Essen gehört zu den Genüssen, die sie sich gönnt.

Als sie das erste Mal ihr Baby dabei hatte, verzog der Kellner das Gesicht schon, bevor sie überhaupt Platz genommen hatte. Etwas Schreckliches passiert: In einem unkontrollierten Moment patscht das Baby, das auf Vaters Schoß sitzt, mit dem Löffel in die Suppentasse. Was für ein peinliches Malheur. Gutbürgerliche Schildkrötensuppe ergießt sich über die gutbürgerliche

Tischdecke auf dem gutbürgerlichen Tisch in dem gutbürgerlichen Restaurant. Indigniert hilft der Kellner, die Flüssigkeit mit Servietten aufzusaugen. Stellvertretend für die Eltern sagt er zu dem Baby: »Du du du! Das darfst du aber nicht!«
Während des Hauptganges quiekt und albert die Kleine herum. Der Kellner räuspert sich mißbilligend. Da die Tochter nicht stillsitzen will, läßt der Vater sie auf dem Boden krabbeln. Als sie sich am Stuhlbein eines Gastes vom Nachbartisch hochziehen will, greift der Kellner ein. Demonstrativ entschuldigt er sich bei dem vermutlich gestörten Gast und trägt das Baby, das wütend aufbrüllt, zur Mutter: »Entschuldigen Sie bitte, aber dies ist ein Restaurant und kein Kindergarten.«
Doris begibt sich zu dem Herrn, für dessen Stuhlbein sich ihre Tochter interessiert hatte: »Unsere Kleine mag Sie. Kinder haben einen untrüglichen Instinkt für nette Menschen.« Da er so ein netter Mensch sei, wundere es sie, daß er den Ober gerufen habe, um das Kind wegschaffen zu lassen.
Hochrot versichert der Gast, daß er mitnichten den Ober gerufen habe (was stimmte und was Doris wußte). Vielmehr habe der von sich aus eingegriffen. Er persönlich habe sich in keiner Weise belästigt gefühlt durch das Kind. Im Gegenteil.
Daraufhin läßt Doris das Baby wieder krabbeln. Beim Abräumen des zweiten Ganges erkundigt sich der Kellner, ob man jetzt zahlen wolle.
Doris: »Wir nehmen noch den Nachtisch, danach ein Kännchen Kaffee. Es ist so gemütlich hier, wir wollen uns noch länger unterhalten.« Sie weist auf den Nachbartisch, wo ihre Tochter auf dem Schoß des von ihr auf ›nett‹ manipulierten Herrn sitzt, und fügt hinzu: »Unsere Kleine hat ja hier so einen guten Freund gefunden.«
Als Doris und ihr Mann schließlich gehen, stellt der Kellner vernehmlich fest, daß nicht nur die obere, sondern auch die untere Tischdecke ausgewechselt werden müsse.
Doris: »Ich bin sicher, daß Ihnen das überhaupt nichts ausmacht; denn Sie wissen ja: unsere Kleine ist fest entschlossen, sich zu revanchieren. Wenn sie groß ist, will sie nämlich dazu beitragen, daß Sie jeden Monat Ihre Rente bekommen.«
Schon bei ihrem zweiten Restaurantbesuch war der Kellner deutlich zuvorkommend. Nach dem dritten war er, laut Doris, »erzogen«. Er hat begriffen, daß er gegen diese hartgesottenen Eltern nicht ankommt und sich auf Liebenswürdigkeit umgestellt. Seitdem kassiert er auch wieder Trinkgeld.

Er greift nun nicht mehr ein, wenn die Kleine während der Mahlzeit herumkrabbelt und zwischen den Tischen Laufen übt. Einige Gäste tätscheln das Kind, andere reagieren sauer. Zu diesen gehen Doris oder ihr Mann mit immer denselben Fragen wie: »Waren Sie auch mal klein?« oder »Waren Sie schon einmal in Italien?« oder »Wollen Sie im Alter eine Rente beziehen?«

Während sie zu Anfang grimmig entschlossen die Rechte ihres Kindes verteidigten, machen sie das heute lässig souverän in einer sehr freundlichen Weise, so daß kaum noch Auseinandersetzungen vorkommen und die liebenswert gerügten Gäste meist erklären, daß sie wohl mißverstanden worden seien, sie seien schon immer kinderlieb gewesen und das mache doch gar nichts ...

Doris nennt ihre Aktionen: »Dafür Sorge tragen, daß Mitbürger ihre Pflichten als Miterzieher nicht vernachlässigen.« Sie hat inzwischen Routine und festgestellt, daß die Beschwerdefreudigkeit in Restaurants und anderen öffentlichen Orten mit der zunehmenden Sicherheit der Eltern abnimmt. Durch ihre Erfolgserlebnisse ermutigt, hat sie kürzlich lässig souverän die von ihrem Baby angegrabschte und beschädigte Schokolade bei Edeka weder mitgenommen noch bezahlt. Der von der Kassiererin herbeigerufenen Geschäftsführerin hat sie in aller Ruhe und Freundlichkeit erklärt, daß es ihr einkaufend unmöglich sei, zu verhindern, daß ihr Baby in Regale greift und daß sie von der Geschäftsleitung erwarte, daß diese ihrer Pflicht, den immer seltener werdenden Eltern die gesunde Ernährung des Kindes zu erleichtern, nachkomme und deswegen die ungesunden Süßigkeiten höher auslege. Da die Geschäftsführerin keinen Skandal wollte, nahm sie die beschädigte Schokolade zurück.

Ob ich mich bei Edeka in einer ähnlichen Situation ebenso verhalten werde, weiß ich noch nicht. Aber eines weiß ich: Das Kind in der Öffentlichkeit ist heute für mich kein Problem mehr. Ob im Bus oder beim Zahnarzt im Wartezimmer – unsere eventuelle Adoptivtochter werde ich nicht wie früher unsere beiden Großen dazu ermahnen, das zu unterlassen, was für kleine Kinder natürlich und normal ist. Vielmehr werde ich den Mitbürgern unterstellen, daß sie nicht »gestört«, sondern psychisch gesund sind und deswegen die Bewegungslust unseres Kindes als sehr erfreulich tolerieren.

V. Intellektuelle Entwicklung

Hanna (4) hat schon die zweite Garnitur Kindermöbel in Gebrauch. Ihre ersten Möbel stehen seit geraumer Zeit im Keller, weil sie sich als total unbrauchbar erwiesen haben. Diese Möbel hatten eine mehrseitige äußerst positive Besprechung in einer großen Illustrierten. Ein Professor hatte nämlich herausgefunden, daß die lackierten Elemente intelligent machen, und zwar schon allein aufgrund ihrer farblichen Gestaltung. Da die bildungsbewußten Eltern nichts unterlassen mochten zur Förderung der intellektuellen Entwicklung ihres Kindes, erwarben sie für einen horrenden Preis die viel zu schweren und nicht unterteilbaren Elemente in der intelligent machenden Orange-Grün-Abstufung.

Warum fielen unsere studierten Bekannten auf so ein (sicher gut honoriertes) ›wissenschaftliches Gutachten‹ herein? Sie kaufen doch sonst nicht jedes Produkt, das als wissenschaftlich geprüft oder laborgetestet vorgestellt wird. Offenbar war der Wunsch, das Kind klug zu machen, so beherrschend, daß bei dem Stichwort ›Intelligenzförderung‹ ihr eigenes Denkvermögen aussetzte.

Dieses Blackout ereilt sehr viele engagierte Eltern, wenn sie beim Kauf von Bauklötzern oder Kombinationsspielen auf den Reklamehinweis stoßen, daß das Produkt wissenschaftlich erwiesenermaßen die Intelligenz des Kindes fördere.

Jörg hat ebenso wie Hanna zweimal in der Woche ›Unterricht‹. Bei seiner Mutter Karin, die sich an die Tabellen ihres Elternratgebers hält und regelmäßig in Panik gerät, weil ihr Sohn mit viereinhalb Jahren nicht alle Übungen für Viereinhalbjährige schafft. Dabei sollte er die Lernschritte für Fünfjährige bewältigen; denn wer später einmal auf das Gymnasium soll, darf im Vorschulalter nicht nur durchschnittlich sein!

1. Machen Lernspielprogramme intelligent?

Wenn Hausmann Thomas ›Zeit für das Kind‹ hat und zwischen Putzen und Kochen von elf bis zwölf Uhr seiner Pflicht, dem Zweieinhalbjährigen ›individuelle Zuwendung‹ zu geben, nachgeht, spielt er nicht ›irgendwas nur so‹ oder ›bloß zum Spaß‹, sondern ›mit System‹. Ignorante Außenstehende mögen denken, daß Vater und Sohn einen Turm bauen, bildungsbewußte Eltern erkennen sofort, daß hier das logische Aufschichten von Würfeln unterschiedlicher Größe geübt wird. Wenn der Kleine keine Lust hat, fragt sich der Vater, ob eine mangelnde Begabung oder ein erzieherisches Versäumnis vorliegt.

»Was kann ich tun, um seine Motivation zu stärken?« fragt er mich.

Ich schlage ihm vor, sich zu fragen, was er unterlassen kann, um die vorhandene Lernlust des Kindes zu erhalten. Warum vertreibt er den Zweieinhalbjährigen, wenn er beim Staubsaugen helfen will? Warum reißt er ihm das Portemonnaie aus der Hand, statt ihm zu gestatten, das logische Aufschichten von Münzen unterschiedlicher Art und Größe zu üben? Warum muß er immer etwas *tun*? Statt sein Kind abwechselnd zu behindern und zu *fördern,* könnte er es einfach *lassen.* Ich schlage ihm vor, sich bei Birgits Mutter über die Auswirkungen von Fördermaßnahmen im Vorschulalter zu informieren.

»Unsere Birgit hat eine Albert-Einstein-Intelligenz!« verkündete mir selig die Mutter. Sie hatte mit der Fünfjährigen Tests durchgeführt, die einen Intelligenzquotienten von über 150 ergaben.

Die stolze Mutter war bitter enttäuscht, daß der Intelligenztest, der fünf Jahre später in der Schule durchgeführt wurde, »nur« 130 Punkte ergab und daß Birgits Freundin, die nie »gefördert« worden war, mit 140 Punkten den höchsten Wert der Grundschulklasse erzielte. Offensichtlich hatte die begabtere Freundin in den vier Schuljahren alles das nachgelernt und aufgeholt, was Birgit aufgrund eines zweijährigen täglichen Trainings schon mit fünf Jahren konnte. Obwohl Birgit mit ihren 130 Punkten (100 ist der Durchschnitt) zu den begabtesten Kindern gehörte, war die Mutter über das »niedrige« Ergebnis so verärgert, daß sie noch einen zweiten »unabhängigen« Test durchführen ließ. Ergebnis: 128.

Machen vorschulische Übungen *anhaltend* intelligent? Es gibt wissenschaftliche Untersuchungen, die das belegen und ebenso viele, die das widerlegen. Vermutlich sind sie nicht ganz unnütz, aber bei weitem nicht so fruchtbar, wie ihre Anhänger glauben. Auch Ravi und Anand haben schon als Kleinkinder ›bedeutende intellektuelle Leistungen‹ vollbracht. Aber dafür haben sie die zwei oder drei Lernspiele, die ihnen als *Angebot* zur Verfügung standen, nicht benötigt. Alles das, was gemeinhin als Indiz für Begabung gedeutet wird, haben sie durch Mithilfe im Haushalt erworben: freiwillig und beiläufig.

Wenn Birgit ihre Mutter auch »enttäuscht« hat und »nur« eine sehr gute, jedoch nicht geniale Gymnasiastin geworden ist, so haben ihr die vorschulischen Übungen doch geholfen. Birgits Mutter war nämlich insofern eine Ausnahme unter den Eltern, die sich für die intellektuelle Förderung ihrer Kleinkinder abrackern, als sie es wirklich geschafft hat, die Anweisungen in den pädagogischen Begleittexten zu den Lernspielprogrammen zu befolgen und das Kind nie zu entmutigen. Da Birgit ihrer Mutter beim Lösen von Kombinationsaufgaben ›immer nur Freude‹ bereitet hat und abends vor dem Vater und vor Bekannten als klug und tüchtig gepriesen worden ist, hat sie ein ungemein stabiles Selbstbewußtsein entwickelt. Das Gefühl, jedes Problem mit ein bißchen Ausdauer lösen zu können, kommt ihren Schulleistungen sehr zugute. Aber dieses Gefühl hätte sie auch durch Erfolgserlebnisse anderer Art entwickeln können.

Für Karins Sohn Jörg sehe ich schwarz. Denn Jörg zeigt sich in der Regel ›bockig‹. Da er aus Widerwillen mit seinen Gedanken nicht dabei ist, »versagt« er oft bei den leichtesten ›Teilschritten‹. Ohnehin nervös, weil der Junge morgens sein Müsli nicht will und sich abends nach dem Zähneputzen noch einen Pudding aus dem Kühlschrank stibitzt, ohnehin entnervt, weil der Viereinhalbjährige nach Meinung der Mitmieter schlecht erzogen, da viel zu laut, ist, passiert es Karin nicht selten, daß ihr die Hand ausrutscht, wenn sich das Interesse für das Lernspielprogramm in Liebe nicht herstellen läßt.

Wären Eltern ehrgeizlos, würden Lernspiele wie andere Spiele Freude ins Haus bringen. Sie wären als Angebot vorhanden, das Kind dürfte, müßte aber nicht danach greifen. Da aber die allermeisten bildungsbewußten Eltern, die ich kenne, extrem ehrgeizig sind, wenn es um die Intelligenz des Kindes und seine späteren Schulnoten geht, richten die Lernspielprogramme meines Erachtens mehr Schaden an als daß sie nützen. Nicht wenige Kinder haben erlebt, daß die enttäuschte Mutter, sich die Haare raufend und ihre guten Vorsätze vergessend, verzweifelt vom Lerntisch aufsprang: »Mein Gott, womit habe ich so ein begriffstutziges Kind verdient!«

Ich bin fest davon überzeugt, daß Karins Sohn die meisten jener Aufgaben, bei denen er ›versagte‹, mit ein bißchen gutem Willen hätte lösen können. Aber dieser gute Wille fehlte ihm, weil das Spiel ihm aufgezwungen worden war.

Rein theoretisch könnte das Lernprogramm ein Spiel sein. Aber da es mit dem Ziel, das Kind intelligent zu machen, gekauft wird, verwandelt es sich, kaum angeschafft, in eine Aufgabe, die bewältigt werden muß. Es ist schwer, sich dem Druck, der allein von den Altersangaben ausgeht, zu entziehen.

Das Geschäft mit der Angst der Eltern vor dem schulischen Versagen des Kindes blüht und blüht. Mit der Masche »Intelligenzförderung« läßt sich der billigste Schund absetzen. Ich frage mich, wie viele Kinder in der Schule versagen, weil man sie in der Absicht, ihre Begabung frühzeitig zu fördern, nervös und unsicher gemacht hat.

Da niemand Wissenschaftler, die Möbeln intelligent machende Farben bescheinigen, zur Rechenschaft zieht, sind Eltern dem wilden Angebot, das sie selbst durch ihre Nachfrage geschaffen haben, mehr oder weniger ratlos ausgeliefert.

Ich werde mich an dieser Nachfrage nicht beteiligen: denn es kommt viel billiger, dem forschenden Kind die Sachen zur Verfügung zu stellen, die man sowieso im Haushalt hat: Bestecke, Töpfe, Teller, Waagen, Kugelschreiber, alte Bücher, die ausrangierte Schreibmaschine, Stoffreste, Kartons usw.

2. Selbstbestimmtes Lernen

Bei der vorschulischen Förderung handelt es sich nur in den seltensten Fällen um die Ermöglichung des selbstbestimmten Lernens.

Und auch wenn das Kind freiwillig Dreiecke zusammenlegt, fragt es sich irgendwann, wozu es das eigentlich tut. Kinder befriedigt es ungemein, wenn das, was sie geschaffen haben, von anderen gebraucht wird und sei es auch nur als Wandschmuck (Bilder). Deswegen wird unsere eventuelle Adoptivtochter wie die beiden Großen früher (und heute) genügend Gelegenheiten erhalten, »für uns zu arbeiten«. Beispiel: Wir wollen einen Raum neu tapezieren oder nur einmal gründlich hinter den Schränken putzen. Bei dieser Gelegenheit erhebt sich die Frage, ob man nun alles wieder an seinen alten Platz stellen oder Umgruppierungen vornehmen soll. Unsere Tochter wird um ihre Meinung gebeten. Schon setzt sie sich – wichtig genommen – mit dieser Frage auseinander. Sie hat einen ganz konkreten Anlaß, ihr ›räumliches Vorstellungsvermögen‹ zu trainieren. Da sie herausfinden muß, ob das Regal an die Stelle, die sie vorschlagen will, paßt, bleibt ihr gar nichts anderes übrig, als den Zollstock zu holen und »sich mit den Längenmaßen vertraut zu machen«. Sie kommt auch gar nicht darum herum, ihr »funktionales Denken« zu schulen – oder soll ich an meinem Schreibtisch etwa mit dem Rücken zum Licht sitzen? Und wie sollte sie eine praktische Anbauschrankkombination vorschlagen können, ohne »Differenzen zu ermitteln« und Teillängen zu addieren?

Ich sehe schon den überraschend gekommenen ungläubigen Besucher vor mir: »Was?! In dem Alter?!« Ob das denn keine Überforderung sei, dem Kind schon so früh das Addieren von Zentimetern ›abzuverlangen‹. Ich rechne mit dieser Unterstellung, weil uns auch bei Anand und Ravi dauernd vorgeworfen worden ist, wir »verlangten« zu viel von ihnen. In Wirklichkeit haben wir überhaupt nichts verlangt. Wir haben unsere Tochter lediglich gebeten, uns zu sagen, ob wir die Schränke und Regale so wie bisher oder anders aufstellen sollen. Das Addieren und Kalkulieren hat sie sich selbst abverlangt. Und deswegen kann sie es »schon in diesem Alter«.

Karins Oma stehen die Haare zu Berge, wenn sie nur einmal grob zusammenrechnet, was die Enkelin bereits ausgegeben hat für intelligenzfördernden Schnickschnack und welche Summen sie noch vergeuden wird, damit der bald Fünfjährige in der Schule einen guten Start hat.

Ihre fünf Kinder konnten vor Schuleintritt ausnahmslos gut rechnen, passabel schreiben und einigermaßen lesen. Sie hat mit ihnen keine Übungsstunden abgehalten, sie hat sich einfach damit begnügt, ihnen das Lernen nicht zu verwehren.

Karins Oma hatte ein kleines Lebensmittelgeschäft, das sie neben den Kindern ohne Angestellte selbständig führte. Da sie die Kleinen im Auge behalten wollte, nahm sie sie mit in den Laden, der unter der Wohnung lag. Dort ließ sie die Kinder spielen. Wenn die Dreijährige das Geld in der Kasse sortieren wollte, brachte sie die Scheine in Sicherheit und sah gelassen zu, wie ihre Tochter mit den Münzen Türme baute. Wenn der Vierjährige sich anbot, das Mehl auszuwiegen, sagte sie nicht: »Dafür bist du noch zu klein.« Daß bei dem selbstbestimmten Lernen dieser Vorschulkinder manchmal ein halbes Pfund Butter auf den Boden klatschte und des öfteren eine Tüte Zucker aufplatzte, nahm sie in Kauf.

Während die Kinder ihr »halfen«, lernten sie bei der Rückgabe des Wechselgeldes rechnen, bei der Aufnahme von Bestellungen schreiben und beim Einordnen von Waren in die Regale lesen.

Da die meisten Kunden, die sie selbständig bedient hatten, mit dem Lob nicht sparten, hatten sie täglich Erfolgserlebnisse und fühlten sich nützlich. Als sie zur Schule kamen, wußten sie bereits: Ich bin tüchtig.

Ob es für die Kinder ein Gewinn war, schon vor der Schule rechnen und etwas schreiben zu können? Sie mußten wie die anderen mit 1 plus 1 und eine Seite kleines »i« anfangen und haben ihren Vorsprung wahrscheinlich gelangweilt herumdösend verloren. Den Gewinn ihres vorschulischen Lernens sehe ich darin, daß sie sich im selbständigen Arbeiten geübt und ihr Selbstbewußtsein gestärkt haben.

Gerds Mutter wollte ihrem Fünfjährigen nicht glauben, daß er die Makronen, die er als Kostprobe mit nach Hause brachte, ganz allein mit Ravi (5) fabriziert hatte und ich nicht ein einziges Mal in die Küche gekommen war, um nach dem Rechten zu sehen oder gar zu helfen. Aber ihr Sohn flunkerte nicht, er sprach die reine Wahrheit.

Die beiden hatten sich in den Kopf gesetzt, selbst Makronen zu backen. Ob ich einverstanden sei? Natürlich, warum denn nicht? »Ran ans große Werk!« Wenn man bedenkt, daß sie, da noch nicht eingeschult, nur stümperhaft lesen konnten, kann man sich leicht ausmalen, was allein das Studieren des Rezepts für eine Lernleistung war. Dann das richtige Auswiegen der Zutaten. Schließlich das Einstellen der Backtemperatur und die Überwachung des Ofens!

Daß Gerd mit stolzgeschwellter Brust und hochrot vor Aufregung über die eigene Tüchtigkeit nach Hause lief, um seinen Eltern die Beweisstücke zu präsentieren, versteht sich von selbst.

Beim Herausziehen des Backblechs hat er sich die Hand verbrannt. Aber wer meint, die leichte Verbrennung hätte ihm weh getan, weiß wenig von der Freude, die eine selbständig erbrachte Leistung auslöst.

Wahrscheinlich werde ich meine Tochter in dem Bestreben, die geschlechtsspezifische Beeinflussung durch die Umwelt ein wenig zu neutralisieren, mehr in meine Werkstatt als in unsere Küche nehmen. Aber auf jeden Fall wird sie ihre Intelligenz vornehmlich bei der Verrichtung nützlicher Arbeiten trainieren.

Wenn sie nagelt, verfolgen wir nicht das Ziel »Das Kind lernt Distanzen sicher abzuschätzen«, sondern die Absicht, etwas zu befestigen. Der Lernerfolg fällt nebenbei mit ab.

Indem sie mir hilft, bereitet sie sich darauf vor, mit zunehmender Reife Gemeinschaftsaufgaben der Familie, deren Mitglied sie ist, zu übernehmen. Die fünf Kinder der Ladeninhaberin hätten das Rechnen auch in dem Kinderunterricht, den Frau Pastor anbot, lernen können, aber bei diesem Lernen um des Lernens willen hätten sie sich nicht nützlich fühlen können. Im Laden helfend haben sie nicht nur ein gesundes Selbstbewußtsein, sondern auch eine soziale Haltung gegenüber der Mutter entwickelt. Als sie später um regelmäßige Mitarbeit gebeten wurden, haben sie sich nicht geweigert.

Unsere Tochter soll wie die beiden Großen in erster Linie dadurch »gefördert« werden, daß wir Lernbehinderungen unterlassen und nicht besserwisserisch meinen, sie sei für die Aufgabe, die sie sich selbst zutraut, noch zu klein. Mit welchem Recht hätte ich unseren beiden Makronenfabrikanten sagen können, daß sie für das selbständige Backen noch zu klein seien? Woher sollte ich das denn wissen? Ich kann ihnen doch nicht im voraus eine unbewiesene Unfähigkeit bescheinigen!

In meinem »unorthodoxen Ratgeber« von 1973 habe ich erwähnt, daß Ravi mit 2,11 Jahren damit beschäftigt war, Frühstücksteller zu stapeln und einzuräumen. Fast alle unsere Bekannten meinten damals, dafür sei er doch wohl noch zu klein. Vor einigen Monaten hatten wir einen Jungen zu Besuch, der erst fünfzehn Monate alt und noch recht wackelig auf den Beinen war. Und was tat dieser Winzling? Er trug die Teller und Tassen von der Kaffeetafel in unsere Geschirrspülmaschine, wo er sie sachgemäß einräumte.

Und was tat ich, die ich immer dafür geworben hatte, behindernde Eingriffe zu unterlassen? Ich sprang nervös auf: »Komm, ich helf dir!«

Die Mutter amüsierte sich über meine Reaktion und erkundigte sich belustigt, ob es in meinem Haus verboten sei, den von mir propagierten Stil zu praktizieren.

Der eineinvierteljährige Junge hat nichts zerbrochen. Er hat die Teller bei den Tellern und die Tassen bei den Tassen eingeordnet. Das konnte er, weil seine Eltern die gleiche Maschine haben wie wir und weil er diese Arbeit zuhause bereits mehrmals ausgeführt hatte.

Weitaus gelassener als ich sah die Mutter zu, wie ihr Baby seine manuelle Geschicklichkeit und sein »logisches Denkvermögen« schulte. Warum war ich besorgt aufgesprungen, während die Mutter passiv blieb?

Die Mutter hatte sich das Unterlassen von Eingriffen in den letzten Monaten systematisch antrainiert, während ich schon aus der Übung war. Mir wurde bewußt, daß ich die Fähigkeit, Lernbehinderungen zu unterlassen, für die Betreuung eines Kleinkindes neu erwerben müßte.

Nachdem der Kleine das Geschirr weggeräumt hatte, machte er sich über die Bierkästen her, die ich zum Abtransport an die Tür gestellt hatte. Es paßte ihm nicht, daß Alt und Pils (verschiedene Etiketts) durcheinander in den zwei Kästen standen. Deswegen beschloß er, das »logische Zuordnen« zu üben und das Leergut umzusortieren. Als ihm eine Flasche entglitt, schnitt er sich in die Hand. Die Mutter wusch das Blut seelenruhig unter dem Wasserhahn ab und legte einen kleinen Mullverband an: »Das tut gleich nicht mehr weh.«

Nachdem der Schmerz wenige Minuten später abgeklungen war, setzte der Winzling seine Arbeit an den Bierkästen fort. Die kleine Panne hatte ihn nicht entmutigt.

Was ihm zu schaffen machte, war die Tatsache, daß es mehr Alt- als Pilsflaschen gab, dergestalt, daß nur der eine Kasten mit ausschließlich Alt »schön« wurde, der andere aber gemischt blieb. Er ließ dieses Ärgernis zunächst auf sich beruhen und beschäftigte sich anderweitig. Aber wie es den Menschen – ob klein oder groß – nun einmal so geht mit den selbstgestellten Aufgaben, man will sie partout schaffen, und man hat Ausdauer: Das Baby kehrte zu dem unordentlichen Kasten zurück und nahm die sieben Altflaschen heraus. Jetzt standen in dem zweiten Kasten nur noch Pils. Aber der Kasten war nicht voll. Unser Freund zeigte sich höchst unbefriedigt über diese Lösung.

Schließlich ging ich mit dem Kleinen in den Keller, um aus einem angebrochenen Kasten die benötigten sieben Pils zu entnehmen. Nachdem er diese in die Pils-Reihen eingeordnet hatte, war er rundum glücklich.

Es versteht sich von selbst, daß er während seiner selbstbestimmten Arbeit nie eine Sekunde Zeit hatte, Schmerzen wegen seiner kleinen Schnittwunde zu empfinden.

Ich fragte mich an diesem Nachmittag, warum Ravi *erst* mit 2,11 Jahren Teller aufgeräumt hat. Hat er sich für diese Tätigkeit früher wirklich nicht interessiert, oder habe ich ihn, als er noch kleiner war, doch behindert?

Daß ihr Baby mit fünfzehn Monaten »groß genug« ist, um Bierflaschen systematisch zu sortieren, hat meine Bekannte am Vormittag noch nicht gewußt. Wie anders kann man herausfinden, was ein Kind schon kann, als dadurch, daß man das Eingreifen unterläßt, wenn es einen Versuch startet, sich etwas Neues beizubringen?

Nach der Tabelle ihres Erziehungsratgebers ist der Junge übrigens »zurück«. Dort heißt es: »Mit eineinviertel Jahren stolpert das Kind nur noch selten.« Unser tüchtiger Freund aber stolperte dauernd.

Um so erstaunlicher ist es, daß das Kind, das »für sein Alter« noch recht unsicher auf den Beinen war, die Tassen ohne zu stolpern und hinzufallen zur Geschirrspülmaschine schaffte. Was hat ihn dazu befähigt, seine Schwäche für einige Minuten zu überwinden? Ich betrachte diese Leistung als Willensleistung: Er war fest entschlossen, die Aufgabe, die er sich gestellt hatte, zu bewältigen. Infolgedessen nahm er seine ganze Kraft und Konzentrationsfähigkeit zusammen und wuchs für einen Augenblick über sich selbst hinaus.

Dieses Kleinkind hat beim Sortieren der Bierflaschen eine manuelle und eine intellektuelle Leistung vollbracht. Ob es durch dieses logische Training anhaltend intelligenter geworden ist, wissen wir nicht. Wir wissen:

1. Der Junge hat ein riesiges Erfolgserlebnis gehabt und somit sein Selbstbewußtsein gestärkt.
2. Er hat mit großer Ausdauer gearbeitet und somit sein Konzentrationsvermögen verbessert.
3. Er hat sich im selbständigen Handeln geübt.

Dieser dreifache Gewinn kann sich auf den Schulerfolg nur günstig auswirken.

Indem die Mutter sich auf den Standpunkt stellte, daß das Kind für die Aufgabe, die es sich selbst vornimmt, nicht zu klein ist, indem sie die Lernbehinderung durch voreiliges Eingreifen unterließ, hat sie nicht nur ihr Kind »gefördert«, sondern auch sich selbst einen großen Gefallen getan. Wir hatten einen schönen Nachmittag und konnten uns in Ruhe unterhalten, weil der voll beschäftigte Kleine nicht herumquengelte. Wenn die Mutter ihn von den Bierflaschen weggezogen hätte, wäre er wahrscheinlich fuchsteufelswild geworden und hätte uns den Nachmittag mit Racheaktionen aller Art verdorben.

Da das Kind, zufrieden mit sich und der Welt, uns weder geärgert noch belästigt hatte, befanden sich die Nerven der Mutter am Abend in allerbestem Zustand, so daß sie ihm als vierten »Gewinn« noch das »Gefühl des Akzeptiertseins« geben konnte, das nach Meinung aller Ratgeber von ausschlaggebender Bedeutung für die gesunde Entwicklung des Kindes ist.

Wenngleich der moderne Haushalt auch äußerst anregungsarm ist, bietet er doch weitaus mehr Lernanlässe, als die meisten Eltern ahnen. Wer hätte wohl vermutet, daß ein Kasten mit Leergut ein Lernspielprogramm für die Fähigkeit des »logischen Zuordnens« in sich birgt. Und was hat uns dieses Programm gekostet? Fünfzehn Pfennige Flaschenpfand.

Warum sind so wenige Eltern fähig, Lernbehinderungen zu unterlassen? Kollidiert der Wunsch, die Selbständigkeit des Kindes zu fördern, mit dem unbewußten Bedürfnis, es in Abhängigkeit zu halten? Fühlen sich Eltern zu unwichtig, wenn sie nur passiv zulassen, statt aktiv etwas zu programmieren für die Förderung des Kindes? Drückt sich in dem »Dafür bist du noch zu klein!« oder dem »Laß mal, ich mach schon!« ähnlich wie in dem »Ich weiß schon, was für dich am besten ist!« ein Machtstreben aus, auf dessen Befriedigung man nicht verzichten kann?

Lassen Eltern Bierflaschen und Frühstücksteller, Kugelschreiber und alte Zeitungen als Spiel- und Lernmaterial nicht zu, weil sie auf die ganz bestimmte Funktion dieser Gegenstände fixiert sind? Ein befreundeter Arzt, auf dessen Schreibtisch über zwanzig Reklamekugelschreiber ungenutzt herumliegen, gerät jedes Mal, wenn sich seine Tochter einen »klaut«, um ihn in seine Bestandteile zu zerlegen, außer sich: »Das ist ein Kugelschreiber, das ist kein Spielzeug!« Warum läßt er sie dieses kostenlose Gerät, für das er sowieso keine Verwendung hat, nicht »kaputtmachen«? Er ist nicht davon abzubringen, daß ein Kugelschreiber ausschließlich zum Schreiben da ist. Daß ein elektrisches Auto für vierzig Mark dank der forschenden Bemühungen seiner Tochter schon am zweiten Tag hinüber ist, regt ihn dagegen wenig auf; denn das hat er ja als Spielzeug gekauft. Und mit Spielzeug darf natürlich gespielt werden.

Das Unterlassen von Eingriffen muß trainiert werden. Auch ruhigen und souveränen Eltern liegt der Verzicht auf Lernbehinderungen nicht im Blut. Wahrscheinlich sind unsere beiden Großen nicht so unbehindert aufgewachsen, wie der fünfzehn Monate alte Knirps meiner Bekannten aufwachsen wird. Aber ich weiß, daß ich mir das Eingreifen, über das sie sich zu Recht mokiert hat, leicht wieder abgewöhnen kann, zumal ich heute mit den positiven Erfahrungen als stärkenden Hintergrund ohnehin viel gelassener bin als vor fünfzehn Jahren.

Fast alle Eltern meines Bekanntenkreises, die diesen Stil praktizieren, sagen, daß sie eine »Entziehungskur« hinter sich haben. Es ist nicht leicht, sich selbst zurückzunehmen, eher passiv zu sein und dem Kind die Initiative zu überlassen. Aber wenn man sich einmal dazu durchgerungen hat, »kommt man bald aus dem Staunen nicht mehr heraus«. So meine Freundin, die sich 1973 mit zwei Kleinkindern auf die scheinbar so simple Methode des Unterlassens von behindernden Eingriffen und aufgezwungenen Fördermaßnahmen umgestellt hat. In einigen Wochen bekommt sie ihr viertes geplantes Kind. Voll berufstätig, hat sie sich seit der Geburt des ersten Kindes (1971) darauf konzentriert, »mit möglichst wenig Arbeit über die Runden zu kommen«. Sie hat eine preisgünstige riesige Altbauwohnung mit nahen Spielmöglichkeiten in einem »verlotterten« Haus, das damals für Leute, »die etwas auf sich halten«, nicht akzeptabel war. Deswegen können sich die beiden Großen, wenn sie von der Ganztagsgrundschule (Belgien) heimkehren, ungestört austoben. Der Kleine besucht eine Kindertagesstätte. Wenn meine Freundin auch gegenüber anderen Müttern insofern »privilegiert« ist, als ihr Mann wirklich die Hälfte der Haushaltsarbeiten macht, erregt ihre Entscheidung, neben ihrem Beruf noch ein viertes Kind aufzuziehen, doch Aufsehen im Kollegenkreis: »Wie schaffst du das bloß!«

»Sie ist die personifizierte Gelassenheit«, sagen unsere Bekannten, wenn sie mit ihren drei Kindern bei uns zu Besuch ist und »praktisch gar nichts tut«. Als ihr Kleiner neulich beschloß, seine »künstlerisch kreativen Fähigkeiten« dadurch zu »entwickeln«, daß er, die Pflastermaler imitierend, auf dem Steinboden unseres Allraumes Porträts der Gäste entwarf, mußte meine Freundin »aktiv« werden, d. h. sie mußte einen Vater erziehen, der seiner Tochter verbieten wollte, sich an den Kunstwerken zu beteiligen. Die beiden Kinder waren stundenlang voller Eifer tätig; und das Wegwischen der »Schmiererei« hat weniger als fünf Minuten gedauert.

Meine Freundin sieht mit dem vierten Kind »keine größeren Probleme« auf sich zukommen.

Mir geht es genauso. Seitdem ich das Wohnungsproblem (»Sei still! Keine Bewegung!«) los bin, befürchte ich keinen besonderen Streß durch die Adoption eines dritten Kindes. Wenn wir es nicht behindern, ist es kreativ und intensiv beschäftigt. Wenn wir keinen Plan verfolgen (»Mit vier Jahren kann Ihr Kind XY« – »Was unser Liebling mit fünf schon alles kann!«), sondern lediglich seine Entfaltung zulassen, entwickelt es sich seinen Fähigkeiten entsprechend und ist zufrieden.

Es hat mir immer eine große Freude bereitet, zu sehen, was unsere relativ ungegängelten Kinder alles in Angriff nahmen und erprobten. Wie viele Tage waren sie allein mit dem Lernmittel Kochtopf beschäftigt! Da wurden auf dem Küchenboden Riesentürme aufgebaut, die tausendmal aufregender waren als die Türme aus »pädagogisch geprüften« Bauklötzern. Da wurden tagelang die unterschiedlichen Klangfarben der unterschiedlich großen Töpfe studiert. Da wurde ausgemessen, ob das Wasser von zwei kleinen Töpfen in den nächst größeren paßt. Und ich habe nichts weiter getan als zustimmend genickt. Drei Minuten lang übergeschwapptes Wasser aufwischen ist eine Kleinigkeit im Vergleich zu der »Arbeit«, drei Stunden lang die Quengeleien eines unbeschäftigten und unterforderten Kindes anzuhören.

Von sich aus – und nur, weil sie niemand gehindert hat – haben unsere Jungen das Backbuch durchgeackert und eine Kekssorte nach der anderen ausprobiert. Heute bevorzugen sie die halbfertigen Backmischungen, aber als sie klein waren, haben sie nach Rezept »wissenschaftlich« gearbeitet und die erstaunlichsten Kuchen und Torten fabriziert.

Dieses selbständige Lernen und Arbeiten aus eigenem Antrieb und die Bereitschaft, etwas zu wagen, haben sie sich bis heute erhalten. Anand (15) ist momentan in der elften Klasse und strebt wegen des Numerus clausus gute Abiturnoten an. Dafür paukt er, aber neben der Schule setzt er sein selbstbestimmtes Lernen und Tun fort. Zur Zeit besucht er einen zweistündigen Russischkurs und gemeinsam mit mir einen sechsstündigen Elektronikkurs. Er nimmt Orgelunterricht und betreibt eine Schach-AG. Er arbeitet im Schülerrat und in der Redaktion der Schülerzeitung. Er ist im Dritte-Welt-Laden tätig und verkauft für arme Bauern aus Indien und Südamerika Honig und Jute-statt-Plastik-Taschen. Er »komponiert« und schreibt (für den Papierkorb) Romane. Er hat sich autodidaktisch Computerprogrammierung beigebracht und will im nächsten Semester an der Hochschule Informatikkurse als Gasthörer belegen.

Bei all diesem Managerstreß ist er putzmunter und immer gut gelaunt; denn selbstbestimmtes Lernen strengt nicht an. Was man freiwillig und gerne tut, geht einem leicht von der Hand. Deswegen hat er neben seinen vielen Tätigkeiten, denen er regelmäßig und mit Ausdauer nachgeht, immer noch Zeit für die Skatrunden mit Holm und Piedi, ganz abgesehen von den innerfamiliären Kartenspielen und Billardrunden am Abend.

Beide Jungen arbeiten viel im Haushalt (Kapitel VI). Das fällt ihnen vor allem deswegen nicht schwer, weil sie von klein auf aus eigenem Antrieb und aus Neugierde Küchenarbeiten verrichtet und ihren Geist nicht nur an Lernspielen, sondern vor allem auch bei allgemein nützlichen Arbeiten wie Kochen und Backen trainiert haben.

Ich empfehle also, weniger Geld für »Spielsachen« und Lernprogramme auszugeben und das, was man sowieso hat (Kostbarkeiten natürlich ausgenommen), grundsätzlich auch als Spielzeug zu betrachten. Vor allem aber möchte ich allen jungen Eltern im Interesse ihrer eigenen Nerven dringend raten, sich durch eine »Entziehungskur« dazu zu befähigen, behindernde Eingriffe zu unterlassen. Die Theorien in Fragen der Kinderbetreuung wechseln ständig. Maßnahmen, die heute von Wissenschaftlern empfohlen werden, werden morgen von Wissenschaftlern verworfen. Wer sich heute mit vorschulischen Fördermaßnahmen abrackert, erfährt wahrscheinlich schon morgen, daß er »alles falsch« gemacht hat. Und wer sein Kind der Spieltheorie anhängend erst mit sieben Jahren einschult, darf sicher sein, daß Wissenschaftler der Gegenrichtung ihm »kriminelle Versäumnisse« vorwerfen.

Deswegen rate ich Eltern, sich nicht mit der Frage, wodurch das Kind intelligent wird, zu befassen, sondern sich darauf zu beschränken, die Eigenschaften zu stärken, die das Kind dazu befähigen, aus seiner Intelligenz das Beste zu machen. Daß Selbstbewußtsein und Selbständigkeit »nützliche« Haltungen sind, bestreitet niemand. Diese Eigenschaften »fördert« man quasi unvermeidlich, wenn man das Kind akzeptiert und anerkennt. Genau das tun jene Eltern, die sich in der nervenschonenden Tugend des Unterlassens üben und ihr Kind weder unterfordern (»Dafür bist du noch zu klein!«) noch überfordern (»Heute lernen wir . . .«), sondern sich damit begnügen, das Erproben und Forschen aus eigener Initiative zu ermöglichen.

3. Hilft man Kindern, wenn man bei den Schulaufgaben hilft?

Als Werner zu uns kam, war er bereits einmal sitzengeblieben und einmal zurückgestellt worden. Da er auf mich einen durchschnittlich intelligenten Eindruck machte, erhob ich gegen seine Einweisung in die Sonderschule Einspruch und begann, mit ihm zu üben.

Was wollte ich mit diesen Übungen erreichen? Werner war mit sieben Geschwistern in einer kleinen Wohnung von fünfundsiebzig Quadratmetern aufgewachsen und hatte in seinem Haus noch nie einen Satz in einem grammatikalisch halbwegs richtigen Deutsch gehört. Er war »milieugeschädigt« und konnte deswegen nicht die seinen Fähigkeiten entsprechenden Schulleistungen erbringen. Inzwischen hat er die Hauptschule mit Qualifikation und einem guten Zeugnis abgeschlossen. Er macht eine Friseurlehre und hat vor, später einmal einen eigenen Salon zu eröffnen.

Momentan üben wir mit seiner Schwester Ilona, die aufgrund ihres hohen Intelligenzquotienten, trotz mäßiger Schulnoten, für das Gymnasium empfohlen worden ist. Auch bei ihr, deren Sprachvermögen weit unter dem mittlerer Hauptschüler liegt, geht es nicht darum, durch Hilfe eine nicht vorhandene Begabung vorzutäuschen, sondern darum, eine verdeckte Intelligenz zum Vorschein zu bringen. Obwohl ihr Helfer Ravi (11) natürlich längst nicht so gut unterrichten kann wie ein echter Lehrer, hat sie sich schon nach drei Wochen auf eine gute Vier in Mathe verbessert. Offensichtlich ist sie intelligent. Das gute Abschneiden bei dem im vierten Grundschuljahr durchgeführten Intelligenztest kann keine andere Ursache als die der angeborenen Begabung haben. Deswegen sind wir auch sehr optimistisch und glauben, daß sie, wenn es uns gelingt, sie über die Anfangsklippen einer Schule, die auf »sozial Schwache« keine Rücksicht nimmt, hinwegzubringen, etwa ab Klasse 9 oder 10 fähig sein wird, das Abitur ohne Hilfe anzusteuern.

Wenn wir auch gelegentlich um etwas mehr Fleiß bitten müssen, kommt sie doch nicht ungern. Auch ihr älterer Bruder ist meistens gern zu der Nachhilfelehrerin gegangen, die uns, nachdem die Gefahr Sonderschule abgewendet war, abgelöst hat. Bei den Übungen mit Werner hat es sich um eine zeitlich begrenzte Maßnahme gehandelt. Wir haben die Zahl der wöchentlichen Nachhilfestunden von anfangs fünf stetig reduziert.

Im letzten Schuljahr ging er nur noch einmal im Monat für eine Stunde zu seiner Helferin.

Diese Form von Unterstützung hat mit der Schulaufgabenhilfe, die das Klima in bildungsbewußten Familien verpestet, nichts gemein. Bei einem Kind »aus gutem Hause« gibt es nichts auszugleichen oder aufzuholen. Es ist von klein auf »gefördert« worden: durch eine grammatikalisch richtige Sprache, durch die Themen bei Tisch, durch das Vorhandensein von Platz … Ohne Hilfe erbringt es die Leistungen, die seiner Begabung entsprechen. Durch Hilfe wird es gegenüber Mitschülern, deren Eltern nicht helfen können, privilegiert. Es erzielt Noten, die über seinem Niveau liegen und läuft Gefahr, seine Fähigkeiten zu überschätzen.

In der Grundschulzeit ist die Schulaufgabenhilfe oft sehr erfolgreich. Mittelmäßige Kinder erzielen durch zusätzliche Übungen mit ihrem häuslichen »Hilfslehrer« Noten, die eine Einweisung in das Gymnasium nahelegen. Grundschullehrer können ein Lied von den massiven Anfeindungen (»Sie sind nicht vorurteilsfrei!«) singen, denen sie ausgesetzt sind, wenn sie auch nur ganz vorsichtig die Realschule oder die Hauptschule anraten, obwohl das Kind gute Zensuren hat. Ein Bekannter: »Seitdem die Intelligenztests regulär durchgeführt werden, geht es mir besser. Jetzt sage ich den Eltern, die ihr Kind künstlich hochgetrimmt haben, nicht mehr, daß es nach meiner Beurteilung auf dem Gymnasium überfordert wäre. Ich teile ihnen das Ergebnis der Tests mit und weise darauf hin, daß die erreichte Punktzahl auf eine nur durchschnittliche Begabung hindeutet.« Georg hat nach dem in der Schule durchgeführten Test eine mittlere Intelligenz. Trotzdem wird er als »für das Gymnasium geeignet« eingestuft; denn seine Zensuren sind gut und sehr gut. Die Mutter hat vom ersten Schuljahr an mit ihm geübt und ihn alle Hausaufgaben zweimal machen lassen. Die mündlich geäußerten Bedenken der Lehrerin tut sie ab als »Zeichen dafür, daß sie gegen unseren Georg was hat.«

Vielleicht bleibt dem Jungen der Schock, nach der Erprobungsstufe auf die Hauptschule abgeschoben zu werden, erspart, aber daß er die Mittlere Reife ohne Sitzenbleiben erreicht, ist nach Meinung seiner Grundschullehrerin und auch nach meiner persönlichen Einschätzung unwahrscheinlich, daß er das Abitur schafft, noch unwahrscheinlicher.

War es zum Besten des Kindes, daß die ehrgeizigen Eltern es auf das Gymnasium gegeben haben? Wahrscheinlich wird die

Mutter noch herbe Enttäuschungen erleben; denn die Auswirkungen des Helfens bei den Schulaufgaben werden in der Mit-
telstufe nicht so groß sein wie in der Grundschulzeit. Immer
getrietzt, könnte der Junge vorzeitig ausflippen und die Anerkennung, die ihm zu Hause bei schlechten Noten versagt wird,
woanders suchen.

Da die meisten Kinder, die bei uns gespielt haben, eine durchschnittliche Begabung haben (wie könnte es anders sein?) und
deswegen weder auf dem Gymnasium noch auf der Hauptschule »richtig« aufgehoben sind, plädiere ich für die Gesamtschule als Regelschule. Wenn ich wie Georgs Mutter, da es in
der Nähe keine Gesamtschule gibt, zwischen dem Gymnasium
und der Hauptschule wählen müßte, würde ich mich für die
Hauptschule entscheiden. Bei unserer eventuellen Adoptivtochter würde ich also gegebenenfalls die Unterforderung auf
der Hauptschule der Überforderung auf dem Gymnasium vorziehen; denn wer unterfordert leicht mitkommt, kann neben
der Schule selbstbestimmte Weiter- oder Spezialbildung betreiben. Er hat in der Schule Erfolgserlebnisse und könnte, wenn er
auch zu Hause anerkannt wird, durchaus die Courage aufbringen, höhere Abschlüsse auf dem Zweiten Bildungsweg zu versuchen.

Carmen ist als Kleinkind von einem Lehrerehepaar adoptiert
worden. Nachdem die Eltern erkannt hatten, daß ihre Begabung höchstens durchschnittlich ist, haben sie die Kritik der Bekannten ignorierend (»Als Lehrer hättet Ihr doch wohl mehr
aus dem Kind herausholen können!«) Carmen gelassen zur
Hauptschule geschickt. Jetzt lernt Carmen Verkäuferin, weil
ihr Dreierzeugnis für etwas »Besseres« nicht reichte. Aber ihre
Traumvorstellung, Krankenschwester zu werden, hat sie nicht
aufgegeben. Aus eigenem Antrieb will sie die Mittlere Reife
nachholen. Es ist eine Freude, Vater und Tochter am Lerntisch
zu sehen. Einträchtig sind sie in die Geometrieaufgaben vertieft, mit denen Carmen so große Schwierigkeiten hat. Wenn sie
es nach dem dritten Erklären immer noch nicht gepackt hat,
entschuldigt sie sich bei dem Vater, dessen zeitliches Opfer sie
zu schätzen weiß. Er, glücklich, *erbetene* Hilfe leisten zu können, wimmelt ab: »Das schadet doch nichts. Du willst es schaffen, also wirst du es schaffen.«

Ich glaube auch, daß Carmen es trotz geringer (»durchschnittlich« war eine Überschätzung) Begabung schaffen wird; denn
sie lernt jetzt aus eigenem Antrieb für ein Ziel, das sie unbe-

dingt erreichen möchte. Ihr Selbstbewußtsein ist solide. Sie schätzt sich richtig ein: »Ich bin theoretisch nicht so begabt.« Das sagt sie ohne Bedrücktheit. Sie hat keine Minderwertigkeitskomplexe, denn man hat sie immer wissen und fühlen lassen, daß man mit ihr, so wie sie nun einmal ist, zufrieden ist. Aber das ist vielleicht bei Adoptivkindern, für deren Erbmasse man nicht verantwortlich ist, leichter als bei biologisch eigenen, deren »Versagen« die Erzeuger-Eitelkeit kränkt.

Auch Carmens Vater hilft zur Zeit bei den Schulaufgaben und hält fast täglich Übungsstunden ab, aber diese Hilfe hat mit der Schulaufgabenhilfe, die bildungsbewußte Eltern – sich selbst als »Hilfslehrer der Nation« bedauernd – ihren Kindern aufzwingen, nichts gemein: Sie ist *erbeten!* Carmens Vater drängt sich nicht auf. Er steht lediglich zur Verfügung wie eine Bibliothek oder wie ein Berater, den man auf Wunsch in Anspruch nehmen kann. Da seine Hilfe erbeten wurde, widerfährt ihm auch Dank. Alle vier bis sechs Wochen habe auch ich Gelegenheit, erbetene Hilfe zu leisten, weil Piepsi mit der Bitte, ihm bei einer Interpretation zu helfen, aufkreuzt. Piepsi lernt »mit System«. Wenn er in Mathe eine Fünf geschrieben hat, übt er für die nächste Klassenarbeit so gründlich, daß er mindestens eine Drei schreibt. Nähert er sich in Englisch der Note drei, vernachlässigt er das Vokabelnpauken und wendet sich wieder seinen Hobbys zu. Seine Eltern können ihm als ehemalige Volksschüler bei Latein, Physik oder Deutsch nicht helfen. Da sie stolz genug sind, daß Piepsi überhaupt auf dem Gymnasium ist, begnügen sie sich mit den Vieren und freuen sich, daß er immer mitkommt und nicht sitzenbleibt. Nicht zu Unrecht wird Piepsi von mehreren Akademikerkindern seiner Klasse wegen seines Elternhauses beneidet. Und im Gegensatz zu diesen ist er auch noch nicht dauernd »scharf am Überlegen«, wie er es finanziell anstellt, daß er mit spätestens achtzehn nicht mehr bei den Eltern wohnt. Piepsis völlig eigenständiges Immer-über-die-Runden-Kommen ist eine Form von Lebenstüchtigkeit, die man nicht gering achten sollte.

Nachdem ich Piepsi bei der Interpretation beraten habe, mäht er mir unaufgefordert den Rasen. Unsere Beziehung ist gesund. Die Interpretationshilfe war erbeten und wird als das empfunden, was sie ist: als eine Gefälligkeit aus Freundschaft. Deswegen revanchiert sich Piepsi mit einer freundschaftlichen Gegenleistung; denn als Junge mit Ehrgefühl stiehlt er niemandem seine Zeit.

Für mich ist es eine Kleinigkeit, Piepsi ein paar Tips zum logischen Aufbau der Interpretation zu geben; denn das Erklären ist ja nicht die Arbeit beim Helfen. Was bei der aufgezwungenen Schulaufgabenhilfe die Hilfe zur mühsamen Arbeit macht, das ist die notwendige Vorausleistung, die in den Ratgebern früherer Generationen »den Widerstand des Kindes brechen« hieß.

Seit Anand wegen des Numerus clausus einen »opti Abischnitt« anstrebt, ist es mir auch schon einige Male vergönnt gewesen, dem eigenen Kind erbetene Hilfe geben zu dürfen. Wie es normal ist für jemanden, der einen Service in Anspruch nehmen will, fragt er mich jedes Mal höflich, ob ich wohl kurz meine Arbeit am Zeichentisch unterbrechen könne, um ihm dieses oder jenes zu erklären. Nachdem ich das getan habe, bedankt er sich. Das gehört sich auch so.

Bei der aufgezwungenen Schulaufgabenhilfe bleibt der Dank natürlich aus. Nachdem man sich monatelang damit abgestrampelt hat, den Widerstand des faulen Nichtsnutzes zu brechen, kann man nur noch nicken, wenn befreundete Eltern ein allgemeines Fazit ziehen: »Jaja, Kinder sind undankbar.«

Gelegentlich kommt es bei jüngeren Kindern vor, daß sie von sich aus unaufgefordert der Mutter den Aufsatz zum Nachsehen vorlegen oder den Vater bitten, die Vokabeln abzuhören. Die Ursache kann ein gesunder Ehrgeiz sein. Aber in den mir bekannten Fällen neige ich eher zu der Annahme, daß sich das Kind, das unter einem Mangel an Zuwendung leidet, mit der Schönschrift die Liebe der Eltern »verdienen« will.

Ich untertreibe wahrscheinlich, wenn ich behaupte, daß in vielen (in fast allen wäre wohl zutreffender!) Familien die Schulaufgabenhilfe mit Terror verbunden ist. Und der nordrhein-westfälische Ministerpräsident Johannes Rau übertreibt wahrscheinlich nicht, wenn er in diesem Zusammenhang von ›Hausfriedensbruch‹ spricht. Sicher würden die meisten Eltern entsetzt zusammenfahren, wenn man ihnen die filmisch aufgezeichneten Szenen, die sich bei der Schulaufgabenhilfe abgespielt haben, vorführte: »Diese Furie soll ich sein?!«

Ich werde noch heute rot, wenn ich an mein lächerliches Verhalten vor ungefähr vier Jahren denke, als Anand sich anschickte, ein ›Schulversager‹ zu werden.

Anand, der immer ein guter Schüler gewesen war, entdeckte mit elf Jahren eine besondere Vorliebe für die Note Vier. Mein Mann sagte damals, was alle bildungsbewußten Eltern unseres Bekanntenkreises sagen, wenn ihr Kind in der Schule schlecht wird: »Ja, wenn er dumm wäre! Aber er ist ja begabt, er tut bloß nichts!«

Eltern lieben die Vorstellung, daß ihr Kind begabt, aber leider sehr faul sei, ungemein. Denn gegen »Dummheit« läßt sich nichts machen, während man Faulheit bekämpfen kann. Die unterstellte Faulheit rechtfertigt den Einsatz bei der Schulaufgabenkontrolle.

Es stimmte zwar, daß Anand zu Hause für die Schule so gut wie nichts tat, aber ich halte es für bedenklich, Kinder in passiven Phasen gleich als »faul« abzuqualifizieren. Äußerst lehrreich war für mich der Interpretationseifer, den unsere ›Privatpsychologen‹ an den Tag legten. Diese wissenschaftlich tätigen Freunde, die Anand seit Jahren als ›Objekt‹ einer relativ freien Kindererziehung ›studieren‹, sprachen nicht etwa wie mein Mann von ›schlechten Noten‹, sondern von einem »eklatanten Schulversagen«. Bei einem Versagen muß natürlich Ursachenforschung betrieben werden.

Die ermittelten »Ursachen« waren u. a.: 1. Es war ein Fehler, ihn in der Grundschule eine Klasse überspringen zu lassen. 2. Es war für ihn schädlich, daß wir in der Grundschulzeit dreimal umgezogen sind und daß er nicht nur den Ort, sondern auch die Sprache wechseln mußte. 3. Es war falsch, ihn ohne Gängelei zu erziehen; denn deswegen werde er jetzt mit der von Zwängen geprägten Schulsituation nicht fertig.

Bei diesen Erörterungen habe ich mich immer wieder gefragt, was Eltern für einen Nutzen davon haben, zu erfahren, was sie alles falsch gemacht haben. Wir konnten weder das Überspringen, das sich dadurch, daß Kinder in Indien mit fünf Jahren eingeschult werden, ergeben hatte, noch unsere Umzüge, noch die bereits stattgefundene Erziehung rückgängig machen. Was tun? »Nur nicht laufen lasen!« war die einhellige Meinung.

Unter dem Druck der Bearbeitung von allen Seiten ließ ich mich dazu verleiten, Maßnahmen zur Beseitigung völlig unwichtiger, die Versetzung nicht gefährdender Vieren zu ergreifen. Ich fing an, Anands Schulaufgaben zu kontrollieren und mit ihm für Klassenarbeiten zu üben.

Selbstverständlich hatte ich die besten Vorsätze. Ich wollte immer geduldig sein, das Gute loben und das Bemäkeln des Schlechten vermeiden. Aber diese guten Vorsätze waren angesichts der harten Fakten bald vergessen: Anands Hausaufgaben waren entweder überhaupt nicht vorhanden oder in einer Weise hingekritzelt, die auch für mich, die ich nicht besonders pingelig bin, eine Beleidigung für das Auge darstellte. Von den englischen Vokabeln, die ich abhören wollte, wußte er nur jede dritte oder vierte.

Ich begann in Liebe: »Sieh mal, Anandchen, das ist doch für dich nur eine Zehnminutensache. Du übst jetzt schön die Vokabeln, und wenn ich sie dann abfrage, kannst du sie. Ist doch eine Kleinigkeit . . .«

Aber Anandchen übte nicht. Er hielt sich das Buch vor die Nase und dachte an etwas anderes. Beim zweiten Abfragen wußte er wieder die meisten Vokabeln nicht.

Schon begann ich, mich innerlich über diese ›Frechheit‹ zu empören. Als ob ich nichts anderes zu tun hätte, als mit unserem Filius Englisch zu üben! Eine deutliche Nummer schärfer ordnete ich an: »Du setzt dich jetzt hin und übst!«

Und so ging es dann weiter in dem Stil, den die meisten bildungsbewußten Eltern aus ihrer eigenen Praxis kennen.

Worüber ich mich eigentlich aufrege, wollte Anandchen in aller Freundlichkeit wissen. Objektiv stellte er fest: »Ich habe keine einzige Fünf im Zeugnis.«

»Aber lauter Vieren! Deine Faulheit stinkt zum Himmel!«

Anandchen widersprach nicht, blieb höflich und nett. Aber er ›hörte‹ auch nicht. Er schmierte weiterhin seine Aufsätze in schlechtestem Deutsch und miserabler Handschrift in zerfledderte Hefte und lernte keine Vokabeln. Er übte sich in der Taktik passiven Widerstands.

Die Erfolglosigkeit meiner Bemühungen brachte mich allmählich immer mehr in Rage. Und je mehr ich mich ergebnislos abrackerte, desto wütender machten mich gerade die Eigenschaften, die ich an dem Kind immer besonders geschätzt hatte. Sein ›freundliches Wesen‹ kam mir perfide vor. Seine Neigung, sich und andere mit Späßen und Witzen zu erheitern, empörte mich: Da versagt einer in der Schule und ist noch nicht einmal deprimiert!

Das Familienklima war dahin. Denn die schlechte Laune, die ich mir bei den Schulaufgaben geholt hatte, hielt vor. Wegen Nichtigkeiten schrie ich den völlig unschuldigen Ravi an, der sofort aggressiv konterte, woraufhin ich gereizt wieder über den faulen Anand herfiel.

Wir hörten auf, abends Rommé zu spielen, weil es bei den kleinsten Anlässen zu Streit oder nörgeligen Bemerkungen kam. Der Fernseher wurde wieder beliebt. Denn während Eric Ode seine Fälle löste, waren unsere Probleme auf Eis gelegt.

Eines Nachmittags, nachdem ich wieder einmal in jener schreienden Weise, die ich so verachtenswert finde, meine Enttäuschung abreagiert hatte, ging ich in mich und beschloß, das Schulaufgabentheater zu beenden.

Meinem Mann erklärte ich, daß ich zu der These, die ich schon als Schülerin immer vertreten habe, zurückgekehrt sei: ›Ausreichend reicht aus.‹ Und unsere Privatpsychologen ließ ich wissen, daß sie mich nicht länger mit ihren Theorien über des Kindes ›Schulversagen‹ zu belästigen bräuchten, da ich mich bereits für eine Theorie entschieden hätte, nämlich für die unserer Putzhilfe. Diese hatte gemeint: »Jeder Mensch braucht mal Urlaub. Der Ullige war doch immer so aktiv und gut dabei. Passen Sie man auf, der berappelt sich schon wieder von ganz von selbst.«

Nach mir hat sich mein Mann noch einen Monat lang bemüht. Von meinem Schreibtisch aus habe ich seinen Weg von der Güte zur Gereiztheit, von der Gereiztheit zur Wut verfolgt. Schließlich hat auch er aufgegeben.

Warum haben wir in den insgesamt drei Monaten fast nichts erreicht?

Daß Lernen unter Zwang nicht effektiv ist, wußten wir. Es war uns klar, daß wir mit zwei Stunden Pauken höchstens das erreichen konnten, was das Kind aus eigenem Antrieb in zwanzig Minuten geschafft hätte. Aber daß Anand sich aufgrund unserer Übungen überhaupt nicht verbesserte, war uns doch einigermaßen rätselhaft. Die Erklärung flog in Form einer Mathe-Vier ins Haus. Da der Junge aufgrund einer vom Vater und von der Großmutter mütterlicherseits geerbten mathematischen Begabung für seine frühere Mathe-Eins nie etwas zu Hause hatte tun müssen, konnte die Vier in diesem Fach nicht darauf beruhen, daß er keine Hausaufgaben machte. Von Mitschülern erfuhr ich, daß er seine Klassenarbeit lange vor Unterrichtsende abgegeben hatte, um seine Comics weiterzulesen. Es stellte sich heraus, daß er auch in der Schule ›faul‹ war. Wahrscheinlich döste er vor sich hin oder störte den Unterricht mit seinen zahlreichen witzigen Einfällen.

Unsere Psychologen sprachen von einer Depression. Allen unseren ›wissenschaftlichen‹ Erörterungen über die ›ernst zu nehmende Verhaltensauffälligkeit‹ lag der Tenor einer Beratung am Krankenbett zugrunde: Wenn wir jetzt nicht die richtige Spritze geben, wird er noch im Rentenalter ... Ich habe diese Gespräche als ungeheuer lächerlich in Erinnerung und möchte

Eltern, die in einer ähnlichen Situation Beratung suchen, dringend empfehlen, *mehrere* Psychologen zu konsultieren. Denn wenn man eine Auswahl an ›zweifelsfreien‹ Erklärungen und ›richtigen‹ Maßnahmen hat, kommt man eher auf die Idee, seinen eigenen Verstand zu mobilisieren und sich auf sein eigenes Empfinden zu besinnen.

Ich beschloß, das zu tun, was ich immer getan hatte, nämlich dem Kind zu vertrauen, mich in Gelassenheit zu üben und auf Schikanen (genannt Maßnahmen zur Behebung einer Störung) zu verzichten. In Übereinstimmung mit unserer Haushaltshilfe sagte ich mir, daß Anand momentan ›faul‹ ist, weil er diese Passivität braucht – aus welchen Gründen auch immer.

Wir ließen ihn also in Ruhe. Keiner kontrollierte seine Hefte, niemand übte mit ihm. Seine ›faule‹ Phase währte gut eininhalb Jahre. Dann berappelte sich der Ullige peu à peu. Seit dem Ende des neunten Schuljahres hat er das beste Zeugnis der Klasse.

In seiner ›schlechten‹ Zeit habe ich mir angewöhnt, jede Zensur mit ›Können wir gelten lassen‹ zu kommentieren. Rückblickend findet Anand, daß ihm diese Haltung ungemein gut getan hat. Er will meinen ›Markenspruch‹ allen Eltern empfehlen. »Kannste das gelten lassen?« fragt er heute, wenn er mir eine Eins zum Abzeichnen vorlegt, »oder bestehst du auf Null?«

Während seiner Vierer-Zeit habe ich oft an meine eigene Schulzeit gedacht. Anand hatte nämlich sein Nichtstun mit dem bestechenden Argument, daß er auf Schule ›keinen Bock‹ habe, begründet. War *ich* jemals mit Interesse zur Schule gegangen? Habe ich etwa nicht dauernd unter der Bank Bücher und »Sigismund Rüstig« gelesen und die Hausaufgaben meistens erst im Bus gemacht oder von jemandem abgeschrieben? Habe ich jemals in Chemie den Eindruck gehabt, »für das Leben« zu lernen? Während unsere Psychologen nach Erklärungen für Anands Desinteresse suchten, habe ich mich gefragt, ob es dafür überhaupt einer Erklärung bedürfe: Ist Schulunterricht in überfüllten Klassen etwa interessant?

Anand lernt auch heute nur in einzelnen Fächern wie Politik und Mathematik aus Interesse. Und wie seine Freunde lernt er weniger »für das Leben« als für den Numerus clausus. Jeder hat sich einen Plan ausgetüftelt: Wie gelange ich mit dem geringst möglichen Einsatz zu dem bestmöglichen Schnitt? Er strebt einen guten Schnitt an, weil er bei der Wahl seines Studienfachs frei sein will. Weltfremd jammern die wissenschaftlich tätigen

Pädagogen über dieses »erschreckende Nützlichkeitsdenken« der Jugend von heute. Die Oberstufenschüler sind nicht »pervers«, sie passen sich realistisch an eine perverse Situation an.

Hilft man dem Kind, wenn man bei den Schulaufgaben hilft? Nur bei wenigen stöhnenden Hilfslehrern der Nation geht es um Wichtiges, etwa darum, daß durch das Ausbügeln einer Fünf in Englisch die Versetzung gerettet wird oder darum, daß die Mittlere Reife geschafft wird. Die meisten bildungsbewußten Eltern, die ich kenne, rackern sich nachmittags dafür ab, daß das Kind sich von Vier auf Drei oder von Drei auf Zwei verbessert. Dieser Einsatzfreude liegt oft eine sehr verklärte Erinnerung an die eigene Jugend zugrunde. Fast alle Väter und Mütter, deren Kinder ich gefragt habe, gehörten in ihrer Schulzeit ›zu den Besten‹ oder ›zu den ersten Drei‹, mindestens aber ›zum oberen Drittel‹ (anscheinend sind alle die Leute, die wie ich mit Dreien und Vieren zum Abitur gelangt sind, verantwortungsvoll kinderlos geblieben, um ihre schlechte Erbmasse nicht weiterzugeben). Wie viele unselige ›Fördermaßnahmen‹ blieben Kindern erspart, wenn ihre Eltern sich einmal in voller Ehrlichkeit an ihre eigene Mittelmäßigkeit als Schüler erinnerten!

Anand war während seiner Viererphase bester Laune. Und bei Mitschülern habe ich immer wieder gesehen, wie problemlos sie selbst mit ihren Vieren fertigwerden. Nur ihre Eltern leiden. Was bringt dieser Ehrgeiz, auf dessen Konto viele Schülerselbstmorde gehen?

Bericht über den Bericht einer ehrlichen Mutter: »Auch sie habe mit allen erdenklichen Mitteln versucht, ihrem Kind, oder besser, *sich selbst und ihrer Familie* die Sonderschule zu ersparen. Sie habe ihren Sohn zweimal vom Grundschulbesuch zurückstellen lassen und ihn danach mit Medikamenten traktiert: Beruhigungsmittel am Abend und Intelligenzfördermittel am Morgen. Sie habe ihn unablässig mit Lerntraining geplagt, bis er bei alledem erst nervlich, dann seelisch und körperlich krank wurde. Da erst habe sie sich doch für die Sonderschule entschlossen. Und schon wenige Monate nach der Umschulung habe sie glücklich aufgeatmet. Ihr Sohn habe sein Selbstbewußtsein langsam zurückgewonnen.« (Frankfurter Allgemeine, 12. März 1981) Diese Mutter, heißt es weiter, könne durchaus mit einer Lehrstelle für ihren Sohn rechnen, denn viele kleine Firmen bevorzugten für Arbeitsplätze, die wenig theoretisches Wissen erfordern, Lehrlinge, die als Schüler nicht durch Überforderung aggressiv und lernunwillig gemacht worden seien.

Ob ich mein Kind mit Medikamenten vollstopfe, damit es intelligent wird und nicht auf die Sonderschule muß, oder ob ich es fühlen lasse, daß es für mich nur akzeptabel ist, wenn es vom Gymnasium gute Noten nach Hause bringt – ich quäle es.

In der Regel rechtfertigen Eltern den Psychoterror wegen schlechter Zensuren mit ihrer »Pflicht«, alles zu tun für das gute berufliche Fortkommen ihres Kindes. Diese Pflicht kann ich nur bedingt akzeptieren. Natürlich wünsche auch ich mir, daß meine Kinder ›es später einmal gut haben‹, aber ihr Leben besteht nicht nur aus der Zukunft. Die Gegenwart selbst hat auch ihren Wert und ich möchte vor allem, daß sie es momentan gut haben. Niemals würde ich die Gegenwart für eine ungewisse Zukunft aufs Spiel setzen. Versäumte Ausbildungsgänge lassen sich nachholen (wenn die Eltern zu ihrem Kind stehen und es dabei unterstützen), und die »Karriere« hängt nicht allein vom Abschlußzeugnis ab.

Sabine (13), bisher eine gute Gymnasiastin, hat sich in der achten Klasse erheblich verschlechtert. Die Eltern üben seit zwei Monaten intensiv mit dem Kind, das nicht will. Da sich das Familienklima durch das gereizte Kontrollieren und pausenlose Meckern über die ›Faulheit‹ bereits sehr verschlechtert hat, erwägen die Eltern, einen Nachhilfelehrer zu engagieren. Aber Sabine weigert sich. Sie will »wenigstens nachmittags in Ruhe gelassen« werden.

Die Eltern wollen von mir einen Rat. Wir gehen die möglichen Gefahren durch:

1. Sabine könnte weiterhin absacken und sitzenbleiben. Wäre das schlimm? Statt mit neunzehn Jahren würde sie mit zwanzig ihr Abitur machen. Angesichts der Lebenserwartungen, die man heute hat, ist es völlig belanglos, ob sie mit fünfundzwanzig oder mit sechsundzwanzig Jahren ihr Studium abschließt.

2. Sie sympathisiert mit dem Gedanken, Ärztin zu werden. Mit einem schlechten Abitur könnte sie am Numerus clausus scheitern. Wenn sie das Medizinstudium wirklich ernsthaft anstrebt, wird sie spätestens in der Oberstufe anfangen, entsprechend zu pauken. Wegen der angesammelten Lücken könnte sie aber »nur« einen Schritt von Zweikomma schaffen. Sie müßte also nach dem Abitur sogenannte Wartepunkte sammeln. Ob es ihrer Persönlichkeitsentwickelung

schadet, wenn sie zunächst als Krankenschwester arbeitet und mitten im Krankenhausalltag stehend reifer wird und Vorkenntnisse erwirbt?

Es stellt sich heraus, daß die Aufregung der Eltern über Sabines Vieren einigermaßen überflüssig ist. Keine wirklichen Gefahren sind in Sicht.

Peter (16) ist zur Zeit ein Jugendlicher ohne Ausbildungsplatz. Nach seinem Scheitern auf dem Gymnasium hat er die Fachoberschulreife in der Realschule erworben. Aus Prestigegründen kommt für seine Eltern nur eine Ausbildung im technischen Bereich mit dem Fernziel Fachhochschule in Frage. Da Peter aber unter anderem in Physik eine Vier hat, waren seine Bewerbungen bisher erfolglos. Das Arbeitsamt kann ihm Lehrstellen dutzendweise vermitteln, jedoch nur für Berufe, die nach Meinung seiner Eltern nichts ›darstellen‹. Unbeeinflußt würde Peter Bäcker lernen, ›dazu hätte ich echt Lust‹. Aber solche Wünsche äußert er nur mir gegenüber ›ganz im Vertrauen‹, seine Eltern wagt er nicht mit derartig ›niedrigen‹ Ambitionen zu kränken. Das Arbeitsamt könnte ihm mehrere Angebote machen. Peter gammelt zu Hause herum, weil die Eltern besser als er selbst wissen, was zu seinem Besten ist.

In seinem Auftrag erzähle ich den Eltern die Lebensläufe zweier Bekannter, die Koch beziehungsweise Bäcker gelernt und später im Gaststättengewerbe beachtliche Karrieren gemacht haben. Ferner weise ich sie darauf hin, daß durch eine dreijährige Lehre noch nichts entschieden ist. Ich mache sie auf die Möglichkeit eines Scheiterns in dem von ihnen favorisierten Ausbildungsgang Elektrotechnik aufmerksam, aber sie wollen die Tatsache, daß die Naturwissenschaften Peters Stärke nicht sind, nicht wahrhaben. Peter fühlt sich ihnen hilflos ausgeliefert, denn sie waren »immer gut« zu ihm. Sie haben nie direkt gesagt, daß Bäcker »kein Beruf« sei für ihn, sie haben ihm ihre Verachtung indirekt durch ihre Kommentare über Jugendliche, die etwas »Ordentliches« lernen und zu solchen, »aus denen nichts wird«, spüren lassen. Da sie nicht zu bekehren sind, ermuntere ich Peter, seine Eltern mit seinem Wunsch zu konfrontieren und die Bäckerlehre durchzusetzen.

Johannes (17) absolviert zur Zeit die Ausbildung, die sich Peters Eltern für ihren Sohn gewünscht haben. Aber auch seine Eltern sind ›todunglücklich‹. Johannes war nämlich mit besten Zensuren nach der zehnten Klasse abgegangen, weil es ihm ›einfach zu doof‹ war, noch weitere drei Jahre die Schulbank zu drücken. Er gehört zu den Kindern, die die Schule nicht aushalten können, weil sie weit überdurchschnittlich kreativ und aktiv sind.

Seine Eltern waren bitter enttäuscht, weil ihr hochbegabter Sohn das Abitur verschmähte, und sie machten sich große Sorgen, als sie herausbekommen hatten, daß er die elektronischen Teile, die er für seine Basteleien brauchte, geklaut hatte. Johannes klaute regelmäßig, und zwar nicht nur für seinen Bedarf, sondern auch aus rein sportlichen Gründen. Er hat den Nervenkitzel genossen und war nie erwischt worden. Begründung: »Ich bin eben ein Könner!« Das stimmt.

Seine Mutter: »Glauben Sie, daß Johannes ein Krimineller wird?«

Ich: »Nein. Ich glaube, daß er ein Spitzenmanager werden könnte.«

In der Schule hatte Johannes immer das Gefühl, daß man nur herumsitzt und gar nichts *tut*. Obwohl er selbst einer der größten Quatschmacher war, hat er sich immer darüber empört, daß die ›Hälfte der Unterrichtszeit damit flöten geht, Ruhe herzustellen‹. Seitdem er als Lehrling viel härter schuftet als auf dem Gymnasium, ist er ausgelastet und beginnt, das theoretische Lernen wieder zu schätzen. Mit dem Zweiten Bildungsweg verbindet er die Vorstellung eines intensiven Lernens. Er malt sich eine Schulklasse aus, in der es ›mit Leuten, die schon trocken hinter den Ohren sind‹, stets zügig vorangeht, weil alle freiwillig dort sitzen und für ein Ziel arbeiten, das sie sich selbst gestellt haben.

Für sein früheres Hobby, den Ladendiebstahl, hat er kaum noch Zeit, außerdem kann er jetzt zahlen, »denn ein Lehrlingsgehalt ist doch etwas anderes als Taschengeld«. Da er sich quasi entschuldigt, weil er von keinem neuen »Coup, einsame Spitze« berichten kann, sage ich ihm, daß er diese kriminelle Form der Selbstbestätigung wohl jetzt nicht mehr nötig habe.

Ich bin mir ziemlich sicher, daß Johannes seine Klauereien bald als »Jugendstreich« abhaken und an einer Technischen Universität ein brillantes Diplom machen wird. Nach Abschluß seines Studiums wird er viel bessere Karrierechancen haben als seine früheren Kommilitonen, weil die Wirtschaft Leute, die nicht »nur« ein Hochschulstudium, sondern auch eine praktische Ausbildung nachweisen können, bevorzugt.

Da Johannes, der jahrelang ›nur Blödsinn im Kopf‹ gehabt hat, neuerdings ›so ein netter Junge‹ ist und sich zu Hause ›nur vernünftig‹ aufführt, beginnen die Eltern, sich mit der Tatsache, daß er ›einfach Schluß gemacht‹ hat und ›völlig grundlos abgegangen‹ ist, zu arrangieren. ›Nur zu seinem Besten‹ hatten sie in wüsten Auseinandersetzungen für das Abitur gekämpft. Jetzt begreifen sie langsam, daß das immerhin schon sechzehn Jahre alte Kind selbst am besten wußte, was zu seinem Besten ist.

Vor einigen Wochen haben wir von der Schule die Mitteilung erhalten, daß Ravi (11) ›gerügt‹ werden mußte, weil er mehrmals ohne Hausaufgaben angetroffen worden sei. Ob sich bei ihm jetzt eine passive Phase anbahnt? Ich weiß es nicht. Ich weiß nur, daß sie nicht von unseren Privatpsychologen ›wissenschaftlich begleitet‹ sein würde. Sollte Ravi demnächst anfangen, statt Zweien Vieren zu produzieren, werde ich keinerlei Maßnahmen ergreifen mit dem Ziel, ein besseres Zeugnis zu erreichen. Sollte er wie Johannes ohne Grund auf das Abitur pfeifen, werde ich darüber keinen einzigen sorgenvollen Gedanken vergeuden. In der Zeit, als Anand ein ›Schulversager‹ war, habe ich mir nämlich gründlich klargemacht, daß das Lernen ein lebenslanger Vorgang ist und daß jemand, der das Lernen gelernt hat, immer Wege finden wird, das zu erreichen, was er für sein Glück zu brauchen glaubt.

Eltern, die sich über lernunwillige Kinder aufregen, berücksichtigen bei ihren sorgenvollen Überlegungen die lange Lebensdauer der heutigen Menschen viel zuwenig. Wer bis zu seinem 60. oder 65. Lebensjahr berufstätig sein wird, benötigt vor allem die Bereitschaft, sich etwas zuzutrauen, neue Aufgaben couragiert anzugehen und sich permanent weiterzubilden; denn der schnelle technische Wandel läßt ein Ausruhen auf erworbenen Abschlüssen nicht zu. Deswegen scheint es mir viel wichtiger zu sein, die Lernlust zu erhalten, also nicht etwa durch ein erzwungenes Weitermachen in der Schule zu gefährden.

»Und wenn Ravi nun nach der Lehre das Abitur nicht nachholen wird?« wollen Sabines Eltern wissen.

Ja, dann wird er es eben nicht nachholen. Und zwar vermutlich deswegen, weil er mit dem, was er tut, zufrieden ist. Im Falle der Unzufriedenheit hätte er alle Voraussetzungen für das erfolgreiche Absolvieren einer neuen Bildungsphase: Er hat die Fähigkeit erworben, selbständig zu lernen. Er hat ein gesundes

Selbstbewußtsein und kann konzentriert mit Ausdauer arbeiten.

Wenn ich meinen Sohn auffordere, ein Fenster zu putzen, brauche ich keine umständlichen Erklärungen. Er weiß, warum er das tun soll – weil er zu unserem Haushalt gehört, muß er sich auch an den Arbeiten beteiligen. Wie aber könnte ich eine Aufforderung, für die Schule mehr zu lernen, begründen? Ich müßte Fernziele bemühen. Etwa: »Damit du später mal einen guten Beruf kriegst.« Ist es aber sinnvoll, den Kindern durch diese Erwartung eine Verachtung für »schlechte« Berufe einzuimpfen? Warum soll Ravi seine Hausaufgaben nicht vergessen? Damit Papi sich freut? Damit er später einmal ...? Damit der Lehrer sich nicht ärgert? Der Lehrer ist es, der die Hausaufgabe verlangt hat. Also ist es auch seine Aufgabe, dafür zu sorgen, *daß* er sie macht. Für eine nicht gemachte Hausaufgabe kann er ihm eine schlechte Note eintragen, und Ravi kann sich dann überlegen, ob er diese Konsequenz in Kauf nehmen möchte.

Lehrer sind nicht unmündig. Sie brauchen keine Assistenz durch die Eltern, um das, was sie verlangen, durchzusetzen. Bei der Aufforderung, das Fenster zu putzen, geht es um ein Problem, von dem wir betroffen sind. Wenn sich das Kind weigert, haben wir einen Nachteil, wir müssen selbst mehr tun. Wir weigern uns, seine Weigerung zu akzeptieren. Wir reagieren, denn sein Nichtstun *geht uns etwas an*. Sein Nichtstun für die Schule geht *uns* aber gar nichts an, es sei denn, wir hätten gelogen, als wir sagten, daß es in der Schule nur zu *seinem* Besten lerne. Die Schulaufgabenbeziehung ist eine Beziehung zwischen Schüler und Lehrer. Wir mischen uns in diese Beziehung nicht ein. Wir beschweren uns nicht; denn das kann der Betroffene, unser Kind, selbst tun.

Wenngleich wir die meisten erzieherischen Maßnahmen, die in der Schule praktiziert werden, idiotisch finden, sind wir äußerst zurückhaltend, wenn es darum geht, einem Lehrer ›Fehler‹ anzukreiden. Denn die Lehrer sind selbst unglücklich, wenn sie, systembedingt, zu Mitteln Zuflucht nehmen, die sie innerlich ablehnen. Ebenso wie die Schüler sind sie Opfer eines Schulsystems, in dem das freiwillige Lernen nur gelegentlich ermöglicht wird. Ich bin gegen dieses System und kann mir bessere Alternativen vorstellen, aber ich habe meine Kinder in eine Schule dieses Systems gegeben. Ich kann keine Privilegien verlangen und etwa meinen, daß für unsere Kinder die herrschende Praxis nicht gilt.

In der achten oder neunten Klasse, als ›der Ullige sich bereits wieder berappelt hatte‹, widerfuhr es ihm, daß er im Zeugnis in einem Fach, ich glaube Physik, eine Drei erhielt, obwohl er in der Schulaufgabe eine Eins hatte. Der Lehrer hatte lange vorher angekündigt, daß das Hausheft mit 33 Prozent in die Note einfließen werde. Trotzdem hatte Anand es nicht für nötig gehalten, ein Hausheft anzulegen. Er hat gepokert und darauf spekuliert, daß der betreffende Lehrer, ähnlich wie Kollegen, die ›Androhung‹ nicht wahrmachen würde. Er hat sich verkalkuliert. Der Lehrer hat die Haushefte eingesammelt und benotet. Anands Drei ergab sich aus 1 plus 1 plus 6 macht 8, geteilt durch 3.

Anand war sehr empört über diese »Sauerei« und forderte mich auf, gegen die »ungerechte« Zensurengebung vorzugehen. Ich sah dazu keinen Anlaß; denn eine Ungerechtigkeit war für mich nicht erkennbar. Der Lehrer hatte gehalten, was er vorher angekündigt hatte, und er hatte alle gleich behandelt. Jedem Schüler war es möglich gewesen, die geschmierte Kladde zu überarbeiten und in ein Heft zu übertragen. Anand war dazu zu faul gewesen, nun mußte er die Konsequenz auch mit Anstand tragen.

Bekannte stellten sich auf die Seite unseres Sohnes. Sie erzählten mir, daß das Selbstwertgefühl des Kindes verletzt sei (wodurch, durch seine eigene Faulheit?) und fanden es zu traurig, daß der arme Junge nun wegen dieser ungerechten Drei nicht zu den ersten Fünf oder den ersten Drei in der Klasse gehörte, sondern zu »ferner liefen«. Ich sollte mich beschweren, weil es aus Gründen, die ich inzwischen vergessen habe, juristisch fragwürdig sei, einem Schüler, der eine glatte Eins hat, wegen fehlender Hausaufgaben eine Drei zu geben. Sie jedenfalls hätten in dieser Situation »für das Kind gekämpft«.

Mit »für das Kind« meinten sie für die Note zwei. Da sie dauernd für ihre Marion *kämpften*, waren sie in Schulrechtsfragen bereits sehr versiert. Sie überschütteten uns mit ihren »Tips«. Aus all ihren Ausführungen strahlte eine Verehrung für Zeugnisnoten, die ich nicht nachempfinden kann und über die ich lachen muß, wenn ich an die oft negative Relation zwischen Schulzensuren und Berufserfolg in meinem Freundeskreis denke. Wer wird Marion im Studium oder im Beruf mit juristischen Spitzfindigkeiten zur Seite stehen? Mir hat die konsequente Drei des Lehrers gut gefallen. Wer pokert, hat einmal Glück und einmal Pech. Anand hat Pech gehabt, und mit Pech muß er auch *später, wenn er groß ist*, beim Pokern rechnen.

Marions Eltern kämpfen gewiß nicht im Interesse ihrer Tochter.

Sie halten ihr unangenehme Erfahrungen vor. Marion bleibt unselbständig und gewinnt die Illusion, daß man für die Konsequenzen seiner Handlungen nicht einstehen muß. Meines Erachtens ist der *Kampf für das Kind* dieser Eltern ein höchst egoistischer. Sie schaden ihrem Kind, weil sie aus Prestigegründen Wert darauf legen, daß es zu den ›ersten Fünf‹ gehört. Für sie ist Marion kein eigenständiges Wesen, sondern eine Repräsentantin ihrer selbst. Sie sind unehrlich. Dadurch unterscheiden sie sich von der zitierten Mutter des Lernbehinderten, die rückblickend zugibt, daß sie die Sonderschule *für sich und die Familie* nicht wollte.

Sabines Eltern haben mich nach den »Gefahren« gefragt, die aus dem momentanen Absacken ihrer Tochter erwachsen könnten. Ich habe keine entdecken können. Aber ich sah mich veranlaßt, ihre Eltern auf die möglichen Gefahren eines erzwungenen Nachhilfeunterrichts hinzuweisen. Sabine ist meine Freundin, ich weiß, daß sie nicht *faul* ist. Sie ist frühreif und der Typ *sensible Intellektuelle*. Statt sich mit lateinischer Grammatik zu beschäftigen, verschlingt sie Shakespeare und Dostojewski. Sie bildet sich. Aber ihre selbstbestimmt erworbene Bildung spiegelt sich nicht in Zeugnisnoten wider. In Deutsch wird sie wahrscheinlich eine Vier bekommen, obwohl sie vermutlich die einzige in ihrer Klasse ist, die engagiert und gründlich »Dramen und Romane der Oberstufe« studiert. Während ihr Zeugnis den Eindruck von Mittelmäßigkeit erweckt, ist die Dreizehnjährige ihren Altersgenossen in Wirklichkeit weit *voraus*. Aus Gründen, die für mich keiner Erklärung bedürfen, hat sie eine Aversion gegen die Schule. Diese Aversion könnte durch erzwungenes Pauken so verstärkt werden, daß sie als Hochbegabte total aussteigt.

Von meinen Lobpreisungen lassen sich die Eltern kaum beeindrucken. Engstirnig haben sie nichts weiter im Sinn als das Zeugnis (nach dem die Verwandten fragen).

Die meisten Eltern, die mit ihrem *begabten, aber faulen* Kind üben, erzählen mir, daß seine *Sturheit* sie oft an den Rand der Verzweiflung treibe. Bei kleinen Kindern heißt es, sie seien *bockig*, bei größeren, sie seien *in der Pubertät*. Man braucht sich nicht in der Pubertät zu befinden, um über die aufgezwungene Schulaufgabenhilfe in Wut zu geraten. Auch Erwachsene haben es nicht gern, wenn sie von Vorgesetzten oder anderen Personen, von denen sie abhängig sind, getriezt und gegängelt werden und dauernd hören, sie seien faul und nichtsnutzig.

In der Verzweiflung über die *Sturheit* drückt sich die Frustration über den geringen Erfolg der Plackerei mit dem Kind aus. Zu diesem Mißerfolg, den die Eltern sehen, kommen die möglichen oder wahrscheinlichen negativen Langzeitfolgen, vor denen ich mich als selbsternannte *Hilfslehrerin* fürchten würde: die *Leistungsverweigerung* aus Protest und die *große Rache* mit siebzehn oder später. Stolz erzählen mir Jugendliche aus den »besten Elternhäusern«, welcher unflätigen Beleidigungen sie sich befleißigen, wenn sie sich veranlaßt sehen, »die Alten endlich mal in ihre Schranken zu verweisen«. Bei der Schulaufgabenhilfe geraten Eltern und Kinder in einen objektiven Interessenkonflikt: Das Kind will so wenig wie möglich tun, die Eltern wollen, daß es mehr als nur das Nötigste tut. Diesen Interessenskonflikt kann man nicht wegmanipulieren. Er ist objektiv gegeben. Deswegen ist es auch »natürlich«, daß es bei der aufgezwungenen Hilfe in der Regel zu verletzenden Aufsässigkeiten und zu schlimmen Beschimpfungen kommt.

Erbetene Hilfe will ich immer gerne leisten, aber nur in ganz außergewöhnlichen Sondersituationen würde ich mit Ravi oder unserer eventuellen Adoptivtochter gegen deren Willen üben und ihre Selbständigkeit durch Kontrolle ihrer Hausaufgaben gefährden. Ich möchte meine Nerven schonen und ich glaube, daß die gelassene, heitere Familienatmosphäre für alle ungemein bekömmlich ist und der intellektuellen Entwicklung des Kindes wirksamer dient als irgendeine ›Fördermaßnahme‹.

4. Soll man sich dafür abmühen, daß Kinder weniger fernsehen?

Ich bin davon überzeugt, daß Kinder und Erwachsene durch übermäßigen Fernsehkonsum verblöden. Man läßt sich *berieseln*. Anders als bei einem Gesellschaftsspiel entspannt man sich inaktiv. Die Zeit, die man dem Fernseher widmet, fehlt für das Lesen eines Buches. Deswegen halte ich es nicht für wünschenswert, daß unsere Kinder viel fernsehen. Wie kann man die Fernsehzeit begrenzen?
Anand hat in seinen ersten Lebensjahren nicht ferngesehen. Er war sieben, als wir 1972 unseren ersten Fernsehapparat erwarben. Mit der Anschaffung des Geräts haben wir uns eine Menge Probleme aufgehalst. Beide Kinder waren zeitweilig fernsehsüchtig. Ohne Verbote hätten sie oft ganze Spätnachmittage

lang an der Mattscheibe gehangen. Ich habe den Konsum dadurch eingeschränkt, daß ich maximale Sehzeiten festlegte. In dem ersten Jahr durften sie höchstens sieben Stunden pro Woche sehen, dann setzte ich das Limit unter dem Druck ihrer Quengeleien und Drängeleien auf zehn Wochenstunden fest. Dieses Nachgeben war sicher weder konsequent noch ›pädagogisch richtig‹. Es war, wie schon das Verbieten, ein Ausdruck von Hilf- und Ratlosigkeit. Bekannte haben mich deswegen kritisiert. Sie meinten, daß man Kinder dazu bringen müsse, freiwillig Abstinenz zu üben. Man müsse ihnen alternative Aktivitäten anbieten, die so attraktiv seien, daß das Kind überhaupt keine Lust habe zum Fernsehen. Dieser Theorie kann ich nur zustimmen, aber ich sah mich in meiner damaligen Situation außerstande, sie zu praktizieren. Welche Angebote kann man einem Kind in einer Etagenwohnung ohne Spielmöglichkeiten im Freien in Hausnähe denn machen? Unsere Kinder haben immer viel gelesen und sich auch oft lange und intensiv mit *Fischer-Technik* und anderen konstruktiven Elementen beschäftigt – aber ganz ausgefüllt war der Nachmittag durch die diversen Ersatzmittel für Sand, Matsch, Wasser und Holz nicht. Ich kann Leute, die ein Kind planen, nur immer wieder davor warnen, die Schwierigkeiten der Kinderbetreuung in einer kinderfeindlichen Wohnsituation zu unterschätzen.

Dem Kind etwas Interessanteres anbieten hätte für mich konkret bedeutet, mich ins Auto zu setzen und sie zu irgendeinem Freizeitgelände zu chauffieren. Dafür fehlte mir nicht nur die Zeit, sondern auch die Lust. Ich tat es zwar oft – aber ich habe diesen Einsatz fast immer als strapaziös und lästig empfunden.

Heute ist das Fernsehen bei uns kein Problem mehr. Wir haben es, als wir 1977 in ein Einfamilienhaus zogen, schlagartig dadurch gelöst, daß wir den Apparat nicht in den Wohnraum für alle, sondern in einen abgelegenen Kellerraum stellten. Wenn einem beim Spielen oder Essen das Gerät nicht mehr ins Auge fällt, vergißt man das Programm, das man sehen wollte, leicht. Hinzu kommt, daß Kinder nicht gern isoliert sind und deswegen den einsamen Aufenthalt fernab vom familiären Geschehen meiden. Unsere Kinder haben ihre Fernsehsucht von einem Tag auf den anderen aufgegeben. Sie hatten keine Lust mehr; denn durch die neue Wohnsituation hatten sie nun interessantere Spielmöglichkeiten. Ravi und seine Freunde haben die neue Bewegungsfreiheit in den ersten Monaten so gierig genutzt, daß sie auf uns und unsere Gäste oft wie »irre Wilde«

wirkten. Da er nur noch toben wollte, habe ich ihn manchmal veräppelt und mit ernster Miene aufgefordert, seiner Fernsehpflicht nachzukommen: »Wozu zahlen wir denn die Gebühren?!«

Bei unserer Tochter werden wir ohne Verbote auskommen; denn erstens lockt der Apparat, der fernab im Keller steht, nicht, und zweitens muß sie sich nicht still verhalten.

Für Familien, die so kinderfeindlich wohnen wie wir früher, weiß ich keine Lösung. Das Verbietenmüssen war für mich höchst unbefriedigend. Und wenn meine Kinder wie andere zwei, drei oder mehr Stunden täglich ferngesehen hätten, wäre mir auch nicht wohl gewesen. Das Ablenken durch einen Dauereinsatz für das Kind mag ich ebenfalls nicht empfehlen; denn Selbstaufopferung macht gereizt. Und eine entnervte Mutter, die »nie mal eine Stunde für sich allein« hat, ist für das Kind sicher noch unbekömmlicher als ein Western zuviel.

Löst man das Problem dadurch, daß man keinen Fernsehapparat besitzt? Wir haben, als wir ohne Fernsehen lebten, nicht gelitten, ich kenne einige Familien, die ohne Fernseher glücklich sind. Allerdings beklagen sich die meisten darüber, daß ihr Kind bei Freunden fernsieht. Diese Sorge finde ich übertrieben. Die Alternative zum unbegrenzten Konsum muß nicht heißen, daß man überhaupt nicht fernsieht. Das Stillsitzen ist in vielen Familien die einzige Betätigung, die Eltern ihrem Kind gemeinsam mit Freunden gestatten. »Findest du es nicht irgendwie ungerecht, daß du, angestrengt berufstätig, von deinem Schreibtisch aus die Kinder von nicht berufstätigen Hausfrauen betreust, die keine Kinder zu sich einladen dürfen?« hat mein Mann oft gespottet. Tatsächlich habe ich manchmal für mehr ,Gerechtigkeit' gesorgt, indem ich unsere jungen Gäste, wenn sie den Apparat anstellen wollten, nach Hause geschickt und aufgefordert habe, Ravi mitzunehmen.

5. Soll man Schulkindern vorschreiben, daß sie um zwanzig Uhr im Bett zu liegen haben?

Als Kleinkinder sind Anand und Ravi bis zehn und elf Uhr aufgeblieben, um »von dem Vater noch etwas zu haben«. Als sie in die Schule kamen, hielten wir es für notwendig, dafür zu sorgen, daß sie genug Schlaf bekommen. Wegen der Anweisung, spätestens um neun Uhr im Bett zu sein, gab es manchmal quengelige Diskussionen. Wir waren auch nicht immer konsequent. Nicht selten meinte der Vater, daß es auf eine Stunde nicht ankäme und man die Spielrunde nicht kurz vor Schluß abbrechen sollte. Dieser Mangel an Stetigkeit hat Ravi einige Male dazu veranlaßt, sich »rein informativ« zu erkundigen, »ob Regeln bei uns nur dann gelten, wenn Papa keine Lust zum Spielen hat«.

Als Anand mich vor etwa einem Jahr »höflich, aber bestimmt« darauf hinwies, daß er nun wohl groß genug sei, selbst zu wissen, wann er ins Bett zu gehen habe, konnte ich nur zustimmend nicken – und mich still darüber wundern, daß ihn unsere Ermahnungen nicht schon früher gestört hatten.

Bei dieser Gelegenheit beschlossen wir, den Versuch zu machen, Ravi nicht mehr zu ermahnen. Der Zehnjährige blieb prompt bis nach Mitternacht auf. Aber den Vorsatz, regelmäßig erst um zwölf Uhr ins Bett zu gehen, gab er schon nach einer Woche auf. Nachmittags war es ihm nämlich passiert, daß er Verabredungen mit Freunden verpaßte, weil er, auf der Couch lesend, übermüdet eingeschlafen war. Heute geht er zwischen neun und zehn Uhr ins Bett und steigt des öfteren von allein aus einer laufenden Skatrunde mit der Erklärung aus, er müsse schlafen, weil er am nächsten Morgen schon um acht Uhr Schule habe. Aber auch wenn er, wie meistens, erst um neun Uhr Schule hat, hält er nicht immer länger durch und verabschiedet sich mit einem schlichten »Ich bin müde«. Wenn wir Besuch haben, schläft er gern auf dem Sofa ein. Da er nur 29 Kilo wiegt, macht es uns nichts aus, ihn hinterher in sein oder unser Bett zu tragen.

Ich frage mich heute, ob unser Neun-Uhr-Gebot (acht Uhr stand bei uns, da mein Mann oft spät heimkommt, nicht zur Debatte) nicht von Anfang an überflüssig war. Wir haben uns hinsichtlich der Ernährung auf die Vernunft der Natur verlassen, warum haben wir ängstlich das rechtzeitige Zubettgehen angeordnet? Aus Gedankenlosigkeit vermutlich.

Unserer eventuellen Adoptivtochter werden wir, versuchsweise, keine Vorschriften machen. Auch wenn sie bis nach zehn Uhr aufbleibt, obwohl sie schon um sieben Uhr aufstehen muß, kann sie durchaus gesund leben, wenn sie etwa wie Südländer den Nachtschlaf durch einen Nachmittagsschlaf ergänzt. Außerdem ist das Schlafbedürfnis der Menschen unterschiedlich. Schlafmangel manifestiert sich auf mannigfaltige Weise. Nur wenn wir bei ihr Schlafmangel registrieren, werden wir eingreifen und von ihr verlangen, daß sie früher, als sie es wünscht, ins Bett geht.

Anand hat wochenlang seinen Schlaf für seine diversen Interessen geopfert. Wenn ich nachts um zwei Uhr meine Schreibmaschine abstellte, traf ich ihn arbeitend in seinem Zimmer an. Völlig versunken war er, inmitten von Bergen verworfener Lösungen, damit beschäftigt, unserem Computer beizubringen, den »dritten Mann beim Skat« zu spielen. »Ich schlage unserem Grünen eine Überzeugungstat vor. Er knipst jetzt stromsparend das Licht aus«, sagte ich und dachte an die Nächte, die ich als Fünfzehnjährige damit verbracht hatte, Sonette zu dichten, in denen keine Reime wie »Freud – Leid« vorkamen.

Nachdem er einige Male für den Numerus clausus wichtige erste Schulstunden verschlafen hat, geht er jetzt wieder zwischen 10 und 11 Uhr zu Bett.

Jedes Verbot frustriert und erzeugt dann latent Aggressionen, wenn es in einer ausführlichen Diskussion begründet worden ist. Da wir uns so wenig wie möglich als »Vormund« aufführen wollen und uns in erster Linie als Partner verstehen, die dann reagieren, wenn sie persönlich betroffen sind, haben wir vor uns, bei unserer Tochter im Hinblick auf das Schlafverhalten stärker zurückzunehmen als bei den beiden Großen und ein größeres Vertrauen in die Vernunft ihres Körpers zu setzen.

VI. Soziales Verhalten

Kinder müssen soziales Verhalten lernen, fordern die Elternratgeber. Sie sollen sich einordnen, ohne sich unterzuordnen.
Sie sollen ihre Rechte wahrnehmen, ohne dabei die Rechte anderer zu verletzen. Sie sollen keine Egoisten sein, sondern bereit, Schwachen zu helfen ...
In der Familie, im Kindergarten und in der Schule ist das Kind
Mitglied einer Gesellschaft, deren Regeln von Erwachsenen
bestimmt und kontrolliert werden. Das informelle, von keinem
Erwachsenen organisierte und beaufsichtigte Spiel, das noch in
den Nachkriegsjahren üblich war, ist heute in den Städten kaum
noch möglich. Wo gibt es noch Banden und Cliquen, wo können
Kinder heute noch Räuber und Gendarm spielen und allein
Schnitzeljagden organisieren? Die Zeiten des freien Spiels auf
Trümmergrundstücken, auf wilden Plätzen und auf Straßen
sind vorbei.
Das Spiel in der Gruppe findet heute praktisch nur noch im
Kindergarten statt. Dort stehen die Kinder unter Aufsicht.
Handfeste Auseinandersetzungen müssen schon allein aus
Haftpflichtgründen unterbunden werden. Das Kind gerät nie in
Grenzsituationen. Bandenbildung ist nicht möglich. Die Ängst-
lichen werden beschützt und lernen nie, sich durch Solidarisie-
rung gegen den Anspruch der Herrschernaturen zu wehren.
Witziger Unfug und tolle Streiche finden nicht mehr statt.
Dummheiten werden als Verhaltensstörung registriert. Auf-
müpfigkeiten als Entwicklungsstörung behandelt. Kinder, die
im Kaufhaus eine Stange Lakritze stibitzen, statt wie ihre Eltern beim Nachbarn Kirschen zu klauen, sind keine Rowdies
mehr, sondern Kriminelle.
Alles ist formalisiert und geregelt. Da die Freizeit des Schülers
keine *freie* Zeit mehr ist, leiden auch leistungsmäßig unterfor-
derte Begabte unter Schulstreß. Sie entbehren den Ausgleich
durch nicht vorgeplante Aktivitäten und haben deswegen größere Schwierigkeiten als ihre Eltern, in der Schule das Stillsitzen auszuhalten. So steigt die Zahl der »Verhaltensauffälligen«
stetig, und dank einer kinderfeindlichen, autogerechten Stadtplanung werden immer mehr Psychologen gebraucht.
Im freien Spiel der Kinder auf Plätzen, die keine offiziellen

Spielplätze waren, in denen ohne Fremdeinmischung von Kindern selbst organisierten Gruppenaktivitäten, die für meine Generation noch eine Selbstverständlichkeit waren, ging es durchaus rauh und oft unbarmherzig zu. Aber die Wertmaßstäbe waren andere als die, die in der Erwachsenenwelt der Schule und Familie galten. »Schmuddelkinder« genossen hohes Ansehen, Schulversager konnten sich in der Bande als tüchtig profilieren, intellektuell Begabte oft nur bestehen, wenn sie sich unter den Schutz beliebter Praktiker stellten. Da der Ausgleich dieser alternativen Sozialisation heute fehlt, können sich Schulversager nicht mehr aus eigener Kraft über die Anerkennung in der »Bande« fangen. Wer in der Schule ein Außenseiter ist, ist auch außerhalb der Schule kein Integrierter. Schwierige, schlechte Lerner und Kinder aus Outsider-Familien bleiben vor der Tür; denn der Umgang des Kindes, das nicht mehr einfach auf die Straße laufen kann, wird von den Eltern kontrolliert.

1. Der »gute Umgang« für das Kind

Handeln Eltern im Interesse ihres Kindes, wenn sie ihm den »unpassenden Umgang« verwehren?
Karin versucht, das Spielen ihres viereinhalbjährigen Sohnes mit der siebenjährigen Nicole, die erkennbar lernbehindert »kein anregender Umgang« sei, zu unterbinden. Nicole redet »dümmlich und in einem grammatikalisch falschen Deutsch«, sie kann Jörg »nichts bieten«. Warum spielt er bloß am liebsten mit ihr?
Die Tochter meiner Freundin (Rechtsanwältin) spielt am liebsten mit dem gleichaltrigen Sohn eines arbeitslosen Bauarbeiters. Nachbarn fragten sie, ob das wohl der rechte Umgang für die Achtjährige sei. Im Urlaub an der Ostsee, wo der soziale Status der Familie nicht bekannt ist, erlebt meine Freundin die Selektion von der anderen Seite: Die Eltern der benachbarten Strandkörbe erlauben den Umgang mit ihrer Tochter, verbieten ihren Kindern aber, auch »den Deppen« mitzubringen. Bei dem »Deppen« handelt es sich um ihren neunjährigen Sohn. Er ist motorisch behindert und in seiner sprachlichen Entwicklung weit zurück. Dieser Junge ist nach Ansicht der anderen Feriengäste ebensowenig ein geeigneter Umgang wie daheim der Hilfsarbeitersohn für seine Schwester. Meine Freundin meint dazu: »Es ist bitter für uns, immer wieder zu erleben, wie unser

Sohn ausgeschlossen wird. Die Kinder stören sich gar nicht an seiner Behinderung. Aber sie werden von ihren Eltern zurückgerufen, wenn sie mit ihm spielen wollen.«

Nachdem Anand in der Grundschule eine Klasse übersprungen hatte, erschienen bei uns plötzlich Kinder, die wir vorher nie gesehen hatten und die Anand nicht für seine Freunde hielt. Sie wurden von ihren Eltern mit der Begründung zu uns chauffiert, daß sie Wert legten auf einen guten Umgang. Anand wurde eingeladen: »Reitet er? Schwimmt er gerne? Was können wir ihm bieten?« Die bildungsbewußten Eltern machten überhaupt keinen Hehl daraus, daß sie die Beziehung ihres Kindes zu Anand deswegen stützen wollten, »weil der Umgang mit Intelligenten nur förderlich sein kann«. Sie hofften, daß sein »logisches Argumentationsvermögen« auf ihre eigenen Kinder »ausstrahlen« würde. Ihre Freude über den gute »Umgang« wurde erheblich gedämpft, als sie feststellten, daß Anand nicht allein zu haben war, sondern immer nur zusammen mit seinem Freund, unserem Pflegekind, das konsequent »mir« und »mich« verwechselte. Diesen Kontakt fanden sie weniger förderlich.

Immer wieder habe ich beobachtet, daß Eltern, auch als bewußte Sozialisten oder praktizierende Christen, ihr soziales Gewissen an den Nagel hängen, wenn es um die intellektuelle Förderung ihrer Kinder geht. Von den negativen Auswirkungen eines Umgangs mit »dummen« Kindern fest überzeugt, verdrängen sie die »Barmherzigkeit« oder die »Solidarität mit den Schwachen«, an die sie sonntags oder an Parteitagen glauben. Sie halten ihr Kind dazu an, einer alten Frau die Tasche zu tragen. Sie geben ihnen ein gutes Vorbild, indem sie einem Rollstuhlfahrer in den Bus helfen. Sie zeigen ihren Kindern, daß sie für die Hungernden in Afrika spenden. Aber sobald sie den Schulerfolg ihres Kindes durch einen scheinbar ungünstigen Umgang gefährdet sehen, schalten sie um und leben ein unsoziales Verhalten vor.

Ich halte diese Form von Nützlichkeitsdenken nicht nur für unsozial, sondern auch für borniert. Die Abschirmung vor der Realität kann nicht zum Besten des Kindes sein; denn im späteren Leben braucht man auch soziale Kenntnisse.

Unsere Kinder haben von klein auf »mit jedem« gespielt. Als einzelner unter lauter Lernschwachen mag man in seiner intellektuellen Entwicklung behindert werden, aber wenn man einen gemischten Umgang pflegt, kann man nur seinen Horizont erweitern.

Natürlich kann Ravi mit Nicole kein Schachturnier veranstalten, aber bei Fangen und Verstecken im Keller ist die »Zurückgebliebene« eine ebenbürtige Spielfreundin. Natürlich kann Anand mit Maxe, der Kanada für die Hauptstadt von Sibirien hält, keine Diskussion über Umweltschutz führen, aber beide können sehr schön miteinander Billard und Tischtennis spielen. Soziales Verhalten kann man nicht aus Büchern lernen, soziales Verhalten muß man einüben. Durch den Umgang mit all den Sonderschülern, Hilfsarbeitern, Arbeitslosen, jugendlichen Alkoholikern und auch Ladendieben, die bei uns regelmäßig aufkreuzen, wenn es etwas mit den Behörden zu regeln gibt, haben unsere Kinder vielfältige Einsichten gewonnen und eine Menge fürs Leben gelernt. Es handelt sich bei diesen *sozial Schwachen* zum Teil um Anands Spielfreunde im Grundschulalter und um deren Geschwister und Bekannte. Durch sie werden sie mit Problemen konfrontiert, die andere Gymnasiasten nur aus der Zeitung kennen. Sie werden gezwungen, sich in einen Menschen hineinzudenken und einzufühlen, der einen ganz anderen Lebensstil pflegt als sie und ihre Mitschüler.

Bisher bin immer ich mit Helmut zum Arbeitsamt gegangen, wenn er wieder einmal wegen Unpünktlichkeit seinen Job verloren hatte. Aber in Zukunft kann Anand (15) das tun. Es kann für ihn nur förderlich sein, sich im Umgang mit den Behörden zu üben und das Problem Arbeitslosigkeit, das er in der Schule abstrakt durchgenommen hat, durch die Betreuung eines Betroffenen in der Praxis zu studieren.

Die Gefahr des Abgleitens durch Nachahmung, die in vielen Elternratgebern beschworen wird, sehe ich dann nicht, wenn das Kind Gelegenheit erhält, den gewöhnlichen Alltag etwa eines Alkoholikers mit all seinen Nöten aus nächster Nähe mitzuerleben.

Neben mehreren Jugendlichen, die sporadisch bei uns auftauchen, hatten wir vier Jahre lang einen von seinen resignierten Eltern abgeschobenen Lehrling im Haus, der unter anderem dem Alkohol verfallen war. Die Strapazen unserer ziemlich erfolglosen Bemühungen haben unsere Kinder, besonders Anand, geprägt. Es hat Anand nicht gefallen, daß er Erbrochenes wegwischen mußte und daß ihm nach jedem großen Rausch unseres Wohngastes Geld fehlte, aber er hat den gutherzigen jungen Mann auch gemocht. Aufgrund dieser und anderer Freundschaften empfindet er für »Gestrauchelte« keine Verachtung, sondern Mitgefühl.

Da Anand das Alltagsgesicht der Sucht nur allzugut kennengelernt hat, lehnt er heute, ohne von uns dazu angehalten worden zu sein, auf Partys den angebotenen Schnaps ab. Über den Hinweis, daß er nun doch schon groß genug und fast erwachsen sei, kann er nur lachen.

Bekannte, die an der holländischen Grenze mitten in der Drogenszene wohnen, haben jahrelang um ihre Tochter gebangt. Als sie sich in einen Heroinabhängigen verliebte, dessen Bruder sich bereits zu Tode gefixt hatte, gerieten sie in Panik. Die Mutter schlich sich nachts mit der Taschenlampe in das Zimmer ihrer Tochter, um deren Arme auf Einstiche hin zu überprüfen. Nach sorgenvollen Beratungen fanden die Eltern eine gute Lösung. Sie hörten auf, ihre Tochter vor der »Ansteckung« zu warnen und sie dauernd auf die vielen netten anderen Jungen in ihrer Klasse, mit denen sie doch auch gehen könnte, hinzuweisen. Sie lobten vielmehr den Idealismus, mit dem sie ihren Freund durch »die Macht der Liebe« heilen wollte. Sie luden den jungen Mann ein und gingen mit, wenn er einen Termin beim Drogenberater hatte. Sie behandelten ihn wie einen guten Freund, um den man sich Sorgen macht, den man aber nicht verachtet. Die Liebe hat sich als schwächer erwiesen als die Macht des Heroins. Nach zwei Jahren trennte sich die Tochter von dem Unheilbaren. Aufgrund des miterlebten Elends sind sie und ihre beiden jüngeren Schwestern heute »absolut immun« gegen die Verlockungen, denen sie auf dem Schulhof und bei jedem Diskobesuch ausgesetzt sind.

Die Bedenken vieler Eltern gegen den Umgang mit »schwierigen« oder »dummen« Kindern und ausgeflippten Jugendlichen kann ich nicht teilen. Es scheint mir im Gegenteil viel riskanter zu sein, die Kinder vor »gefährlichen Einflüssen« abzuschirmen; denn spätestens mit siebzehn werden sie Diskotheken besuchen und ohne Vorwarnung durch Vorkenntnisse auf Lebensstile stoßen, die vor allem deswegen so faszinieren, weil man in der Disko die Kehrseite der Medaille nicht sieht.

Die meisten Leute meiner Generation, die noch wild spielen und »schlechten Umgang« pflegen konnten, erzählen, daß sie aus der Bande mindestens einen als guten Freund behalten haben. Trotz großer Bildungsunterschiede klappt die Verständigung noch heute einwandfrei. Rückblickend sagen sie, daß sie durch den Umgang mit »Dummen« nicht dumm, sondern offener geworden seien und durch das Spiel mit Rowdys nicht kriminell, sondern stabil. Trotzdem achten sie jetzt bei den eigenen Kindern auf den »guten Umgang«.

Auch wenn für mich der soziale Aspekt bedeutungslos wäre, würde ich unsere eventuelle Adoptivtochter wie unsere beiden Großen mit allen spielen lassen; denn das Deutsch mit Fehlern und die ordinären Ausdrücke sind Äußerlichkeiten, die sich von allein legen. Während ich in dem Umgang mit »Doofen« und »Schwierigen« keine Nachteile sehe, schätze ich die dadurch erworbene Lebenstüchtigkeit hoch ein. Fachleute in der Bundesrepublik haben sich gewundert über die amerikanischen Untersuchungen, aus denen hervorging, daß die Kinder aus sogenannten guten Häusern, die nicht nur mit ihresgleichen, sondern »mit dem Volk« aufgewachsen sind, am häufigsten Berufskarriere gemacht haben. Mir hat dieses Umfrageergebnis unmittelbar eingeleuchtet. Ich glaube nicht, daß Karin im Interesse der Karriere ihres Sohnes handelt, wenn sie ihm das Spiel mit der »beschränkten« Nicole verbietet.

2. Das Kind als Mitglied der Wohngemeinschaft Familie

Fast alle Eltern stöhnen über die »Unordnung« ihrer Kinder. Wenn mein Mann und ich auch über vieles einfach hinwegsehen, finden wir die Unordnung unserer Kinder doch manchmal nicht mehr zumutbar. Während Anand in seinem Zimmer das totale Chaos pflegt, hält Ravi wenigstens in einigen Bereichen Ordnung. Die Systematik seiner Münzensammlung ist perfekt.
Ich habe mich des öfteren geärgert, aber Sorgen habe ich mir noch nie gemacht. In meiner Schulzeit war ich genauso schlampig wie Anand, und auch heute nehme ich das meiste nicht so genau. Dennoch bin ich in meinen beruflichen Dingen seit vielen Jahren äußerst präzise. Die Ordnung hat sich einfach als unumgänglich erwiesen. Nach einigen Pannen (Verlust wichtiger Manuskripte) bin ich aus Schaden klug geworden. Heute passiert es mir so gut wie nie, daß ich irgend etwas unpünktlich abliefere oder Wichtiges verschlampe.
»Laß ihn man«, sagt meine Mutter, »er gerät nach dir.« Die Mühe, die sie sich erfolglos mit mir gegeben hat, würde sie sich heute nicht mehr machen – »Ordnung lernt man, sobald man sie braucht.«
Tatsächlich handelt es sich bei dem Chaos, das Eltern verzweifeln läßt, oft nur um eine scheinbare Unordnung. Manches Künstleratelier und manches Arbeitszimmer eines Wissen-

schaftlers wirkt auf Außenstehende noch chaotischer als unordentliche Kinderzimmer. Zum großen Erstaunen der Eltern finden die Kinder sich in ihrer Unordnung meistens gut zurecht; das heißt, sie halten so viel Ordnung, wie sie brauchen. Als Anand und ich ins Elektronikexamen gingen, war es Anand, der mehrere Tage vorher sorgfältig alle Unterlagen sowie den Bleistift 2B und den speziellen Plastikradiergummi bereitlegte: Der Computer, der die Arbeitsbögen auswertet, nimmt nämlich keine Rücksicht auf Unordentliche und bewertet nur das, was er lesen kann. Während des Examens habe ich mich amüsiert über die zärtliche Genauigkeit, mit der mein Sohn, der sonst meistens schmiert, den Bleistift des richtigen Härtegrades führte. Er ist ordentlich, wenn er ordentlich sein *muß*. Wenn er unseren Computer programmiert, ist er die personifizierte Pingeligkeit. Die autoritäre Maschine funktioniert eben nur, wenn man sie mit perfekter Präzision füttert.

Sorgen mache ich mir keine, aber ich reagiere auf Unordnung, die mir Mühe und Probleme macht. Nicht nur unsere Kinder, die noch immer nicht ordentlich sind, sondern auch Anands siebzehnjährige Schulkumpel, die neuerdings gegen die Ordnungserziehung durch bewußte Schlamperei protestieren, müssen sich damit abfinden, daß ich es »unheimlich cool« finde, wenn Mäntel an Haken hängen. Ungeniert pfeife ich sie vom Billardtisch nach oben, um ihnen Gelegenheit zu geben, die einfach auf Stühle geworfenen Jacken zu entfernen.

Die Meinung, daß man Kinder durch Einsicht zur Ordnung bringen kann, habe ich als irrig aufgegeben. Da meine *Erklärungen*, daß das Liegenlassen von Klamotten eine Rücksichtslosigkeit gegenüber den Eltern, die sich dann als Dienstboten betätigen müssen, sei, stets nur kurzfristige Wirkungen gezeitigt haben, halte ich mich mit Moralpredigten nicht mehr auf. Folgender Dialog hat stattgefunden:

»Ihr seht ein, daß es eure verdammte Pflicht ist, euren Krempel selbst wegzuräumen?«

»Ja.«

»Ihr findet es also richtig, daß ich das nicht für euch tue?«

»Ja.«

»Ihr gebt zu, daß ihr euch dauernd vergeßt?«

»Ja.«

»Okay. Dann könnt ihr ja wohl nichts dagegen haben, wenn ich ab sofort nach der Weisheit ›Steter Tropfen höhlt den Stein‹ verfahre und euch ungerührt wie eine Maschine, die auf Störun-

gen mit einem Summton reagiert, herbeipfeife – egal wie spannend der Film oder das Spiel ist, dem ihr euch gerade widmet.«
Seitdem ich mich innerlich mit der Erkenntnis abgefunden habe, daß das Aufräumen von Stiefeln und Schultaschen keine Frage der Intelligenz oder des guten Willens, sondern eine der Gewöhnung ist, erwarte ich keine schnellen Erfolge mehr. Ich reagiere, aber ich rege mich nicht auf. Meine Erinnerungen sind Reflexe, die automatisch ablaufen und meine Gedankengänge nicht stören.
Indem ich die Kinder dazu veranlasse, ihre Sachen aufzuräumen, verteidige ich nur meine Rechte. Sie sollen das nicht tun, damit sie später einmal ordentlich sind oder weil es zu ihrem Besten ist, beizeiten Ordnung zu lernen, sondern lediglich, weil in unserer Wohngemeinschaft Familie niemand dazu bestimmt ist, des anderen Dienstbote zu sein. Da ich keine erzieherischen Fernziele bemühe, brauche ich auch nicht zu befürchten, daß sie auf mein »Labern« aggressiv reagieren. Was könnten sie schon einwenden gegen meine Ansprüche als Mensch, der in einer Beziehung zu ihnen lebt und nicht willens ist, das Opfer ihrer Faulheit zu werden?
Kinder, die Mäntel irgendwo abwerfen, verursachen Mehrarbeit für andere Haushaltsmitglieder. Kinder, die im Haushalt nicht mithelfen, werden als Partner unterfordert.
Nachdem Karins Oma ihren fünf Kindern das Verkaufen ohne Zwang und ohne Fördermaßnahmen beigebracht hatte, indem sie sie in ihrer lernbegierigen Aktivität gewähren ließ, forderte sie sie im Alter von sieben bis acht Jahren auf, regelmäßig im Laden mitzuhelfen. Sie sagte nicht »damit ihr später einmal ...«, sie begründete ihre Forderung mit ihrer Arbeitsüberlastung und ihrem Recht auf gelegentliche Entspannung. Die Berechtigung ihrer Forderung war für die Kinder unmittelbar einsichtig. Es gab keinen Widerspruch.
Auch Anand hat nicht herumdiskutiert, als ich ihn im Alter von dreizehn Jahren zu einer stärkeren und vor allem zu einer regelmäßigen Mithilfe im Haushalt verpflichten wollte. Da er von klein auf Küchenarbeiten verrichtet hatte, konnte er im großen und ganzen alles, was man im Haushalt können muß. Als Bäcker war er bereits seit geraumer Zeit zuverlässig. Wenn wir bei ihm für die sonntägliche Kaffeetafel eine Käsesahnetorte bestellten, konnten wir uns darauf verlassen, daß das Werk zu dem gewünschten Zeitpunkt auf dem Tisch stand. Es war ihm unmittelbar einsichtig, daß er nun als herangewachsenes Mit-

glied unserer Wohngemeinschaft größere Pflichten zu übernehmen hatte. Ich übertrug ihm die Haushaltskasse und das Einkaufen.

Da mein Mann und ich überdurchschnittlich angestrengt berufstätig sind, haben wir für das Reinigen der Böden, des Bades, der Türen und der Fenster eine Hilfe, die ein- bis zweimal in der Woche kommt. Wenn sie krank ist oder für den Nebenjob bei uns keine Zeit hat, übe ich mich in der Ausbeutung preiswerter *Kinderarbeit*. Nicht nur unsere, sondern auch befreundete Kinder dürfen sich dann als Fensterputzer etwas *dazuverdienen*. Für die Arbeiten, die normalerweise unsere Hilfe macht, gibt es also Geld. Die anderen Arbeiten werden kostenlos als Tribut an die Gemeinschaft, der man angehört, verrichtet. Da mein Mann wegen seines unregelmäßigen Berufsdienstes nur Zeitungebundenes leisten kann wie Bügeln, Nähen, Gardinenwaschen und »einen Raum gründlich putzen«, waren ausgerechnet die Aufgaben, die mir am meisten zuwider sind, immer meine gewesen: die Führung der Haushaltskasse und das Einkaufen.

Diese Arbeiten wollte ich loswerden. Mir schwebte vor, daß Anand und ich uns Woche um Woche abwechselten. Zwei, drei Jahre später wollte ich dann auch Ravi hinzuziehen und endlich so weit sein, daß ich hauptsächlich nur noch das tue, wozu ich Lust habe: den Garten pflegen und handwerkliche Arbeiten ausführen.

Aber es kam schon früher so. Denn Ravi hatte meinem Gespräch mit Anand beigewohnt. Er war damals neun Jahre alt; und es wäre mir nie eingefallen, einem neunjährigen Kind die Führung der Haushaltskasse und das planende Einkaufen aufzutragen.

Aber er wollte unbedingt mitmachen. Sein Angebot: »Anand und ich machen halbe-halbe. Eine Woche er, eine Woche ich.« Ich ließ ihn in der Erwartung, daß er spätestens nach zwei Monaten schlappmachen würde, gewähren. Diese Annahme hat sich als falsch erwiesen. Ravi hat uns wieder einmal gezeigt, was ein Kind leisten kann, wenn es aus eigenem Antrieb handelt. Seit über zwei Jahren funktioniert die Aufgabenteilung tadellos. Der kleine Ravi ist unermüdlich und zuverlässig dabei. Obwohl vier Jahre jünger, erfüllt er seine Haushaltspflicht deutlich rationaler und präziser als Anand, der, wie früher seine Mutter, zerstreut durch die Läden streut und bei Sonderangeboten regelmäßig danebengreift. Vor der Schule studiert Ravi schon die Reklameseiten der Lokalzeitung. Dann macht er sich einen Plan. Seit langem kann er jeder preisbewußten Hausfrau erklären, was man am günstigsten bei Aldi kauft und welche Angebote bei Edeka empfehlenswert sind. Während Anand aus demokratischem Anstand eine Pflicht erfüllt, genießt Ravi die Freuden eines klugen Hausmannes: »Wieder einmal ein Schnäppchen gemacht!«

Am Anfang der Woche erhalten die jeweiligen Haushaltsführer den Betrag, den wir als angemessen erprobt haben und der alljährlich um die Inflationsrate erhöht wird. Mit diesem Betrag kaufen sie unter Berücksichtigung einiger Regeln wie *Täglich zweimal Obst* und der Sonderwünsche der einzelnen Familienmitglieder nach eigenem Gutdünken ein. Während Anand (15) manchmal nur dann über die Runden kommt, wenn er sich an den letzten zwei Tagen seiner Woche keine Wurst mehr auf das Margarinebrot schmiert (Regel: Durch schlechte Haushaltsführung darf man nur sich selbst benachteiligen), erwirtschaftet Ravi (11) seit zwei Jahren regelmäßig einen Überschuß, der in eine Spielkasse kommt.

Warum kann der *Kleine* das? Er interessiert sich für diese Arbeit und er hat sie sich selbst vorgenommen. Es macht ihm Freude, sich als nützlich für die Familie zu erweisen. Durch seine Zuverlässigkeit und Ausdauer beweist er uns, daß er mit neun Jahren besser als wir wußte, was er mit neun Jahren schon leisten kann und wofür er nicht mehr zu klein ist.

Durch das Planen und Kalkulieren hat er ein Interesse für den Wirtschaftsteil der Zeitung entwickelt. Wovon hat er das bloß? fragen wir uns manchmal, wenn er sich bei uns zu den banküblichen Zinsen ein Darlehen nimmt, um im Gegensatz zu seinem erwachsenen Berater (Diplom-Volkswirt) *erfolgreich* mit Gold und neuerdings auch mit Aktien zu spekulieren. Anand, der ohne Interesse, aus rein sozialen Überlegungen den Haushalt macht, hat nach wie vor eine höchst abstrakte Beziehung zum Geld und weiß selten, wer ihm welche Summen schuldet.

Einige Bekannte meinen, Ravi sei in seinem Alter durch die Haushaltspflicht überfordert. Mit Planen, Einkaufen, Auspakken, Abrechnen und gelegentlich Kochen ist er durchschnittlich etwa eine Stunde täglich für die Familie tätig. Ist das zuviel für einen Neun- oder Elfjährigen? Fällt diese Pflicht gar in die Rubrik *Kinderarbeit*, wie einzelne Freunde meinen?

Für meinen elfjährigen Freund in Belo Horizonte (Brasilien) wäre das eine Leistung, über die er wegen Geringfügigkeit kein

Wort verlieren würde. Victor führt völlig selbständig den Stehimbiß seines Onkels. Ich habe mir von ihm haarklein erklären lassen, wo er einkauft, welche Gewinnspanne er einkalkuliert, wie er verhindert, daß Große die Cola austrinken und dann ohne zu bezahlen abhauen, wie er seine Listen führt und wie er naive Nordamerikaner ausnimmt. Seine Buchführung ist übersichtlich, sein Laden ist landesüblich sauber, sein Monatseinkommen liegt über dem durchschnittlichen der erwerbstätigen Erwachsenen. Obwohl er nur zwei Jahre lang zur Schule gegangen ist, beherrscht er das Rechnen, Lesen und Schreiben so, wie es die Leitung seines Kleinunternehmens erfordert.

Victor fühlt sich wohl, weil er nach Belieben schalten und walten kann. Der Onkel überprüft ihn nicht mehr, sondern kassiert nur noch die vereinbarte Pacht. Victors Selbstbewußtsein ist enorm. Er fühlt sich wichtig, weil er durch seine Arbeit die vaterlosen (älteren!) Geschwister ernährt. Ich habe ihm vorgeschlagen, den Abschluß der vierten Klasse in Erwägung zu ziehen. Er will sich das durch den Kopf gehen lassen. Da er weiß, daß er ein sehr fähiger junger Mann ist, kommt ihm gelegentlich die Idee, Atomphysiker oder Brückenbauer zu werden. Aber womit sollte er seine Ausbildung finanzieren? Fürs erste hat er sich vorgenommen, Besitzer einer Restaurantkette zu werden. Unter Berücksichtigung seines enormen Selbstwertgefühls, seiner absoluten Selbständigkeit und seiner erwiesenen Tüchtigkeit halte ich dieses Ziel für realistisch.

Unter den Millionen erwerbstätiger Kinder ist er ein Glücksfall. Seine ökonomische Eigenständigkeit hat mit der Kinderarbeit im Bergwerk oder am Webstuhl wenig gemein.

»Kinderarbeit ist verboten«, erklärt Brigitte (14), wenn sie in der Küche helfen soll. Sie hat längst herausgefunden, daß sie ihre Mutter mit dem Vorwurf, sie beute Kinder aus, leicht verunsichern kann.

Mit dem Wort *Kinderarbeit* assoziiert der aufgeklärte Erwachsene das Elend der erwerbstätigen Kinder im 19. Jahrhundert. Automatisch schrickt er zusammen.

Auch das schulische Lernen ist Kinderarbeit. Unzählige Schüler werden von den Zensurenerwartungen ihrer Eltern überfordert. Dieselben Eltern, die ihre Kinder bei den Schulaufgaben triezen und schlagen, bedauern wahrscheinlich meinen Freund Victor, weil er mit elf Jahren schon *arbeiten* muß. Ich glaube nicht, daß die mechanische Betrachtungsweise, die sich in den letzten Jahrzehnten durchgesetzt hat, zum Besten des Kindes ist. Weder ist die Arbeit eines Kindes allein deswegen verwerflich, weil sie entlohnt wird, noch ist das Lernen nur dann gut und wertvoll, wenn es in Schulen stattfindet.

Als Anand zwölf war, habe ich, da weder mein Mann noch ich etwas vom Auto verstehen, versucht, ihm für vier Wochen eine Tätigkeit in einer Reparaturwerkstatt zu besorgen. Aber selbst gute Bekannte wollten ihn nicht beschäftigen. Alle Bestrebungen, einen Ausgleich zu dem praxisfernen Lernen auf dem Gymnasium herzustellen, scheiterten an der nur allzu verständlichen Angst der Arbeitgeber vor Haftpflichtproblemen und der Gesetzesregel: Kinderarbeit ist nicht erlaubt.

Diese absolute Trennung von Arbeiten und Lernen, die unter anderem von Ivan Illich als künstlich und ungesund empfunden wird, bewirkt, daß das Schulkind einerseits unterfordert, andererseits überfordert wird. Überfordert durch das Stillsitzen und körperliche Nichtstun, das mit seinem natürlichen Bewegungsdrang kollidiert, und unterfordert dadurch, daß es seine praktischen Fähigkeiten nicht entfalten darf.

Ich hätte unsere Kinder gern auf eine Schule geschickt, in der man nicht nur wie in Summerhill selbstbestimmt lernt, sondern auch, ähnlich wie in der Hibernia-Schule in Wanne-Eickel, in Gärtnereien und Werkstätten Wissen durch Tun erwirbt und gleichzeitig mit dem Abitur auch eine Lehre abschließt. Da es ein solches Angebot hier nicht gibt, bemühe ich mich, das Praxisdefizit zu Hause zu mindern. Anand und ich haben u. a. die Decke seines Zimmers getäfelt, er hat unter meiner Anleitung Fußböden gefliest und im Keller u. a. eine stabile Bar aus Holzresten und Abfällen meiner Werkstatt gebaut.

Auch andere Eigenheimbesitzer sagen: Wir machen alles selbst. Aber mit *wir* meinen sie den Vater. Die Kinder dürfen nicht mithelfen, wenn Papi am Wochenende den Dachboden ausbaut. Sie werden geschont, weil sie in ihren Fähigkeiten maßlos unterschätzt werden. Indem der Vater als Heimwerker dem Kind die Mitarbeit verwehrt, behindert er nicht nur die Entfaltung seiner praktischen Begabung, sondern schließt es auch aus. Es darf das Reihenhaus mitbewohnen, aber an seiner Erhaltung und Gestaltung ist es nicht beteiligt. Es ist nicht zugehörig und erwirbt kein Verantwortungsgefühl für die Angelegenheiten der Gemeinschaft, deren Mitglied es ist. Der ausgebaute Spielboden wird dem Kind fertig vorgesetzt wie ein Spielzeugauto. Gegen seine Bedürfnisse wird es in die Rolle des gedankenlosen Empfängers gedrängt.

Warum motzt Brigitte über Kinderarbeit, wenn sie die Küche aufräumen soll? Ist sie faul? Ein bequemes Aas, wie ihre Mutter meint? Warum hat sie keine Lust, warum ist sie so unwillig? Brigittes Rolle im Haushalt ist eine untergeordnete. Sie soll das Leichte und Uninteressante erledigen, und zwar nach kurzfristigen Anweisungen. Ihr ist keine selbständige Arbeit aufgetragen, die sie regelmäßig in Eigenverantwortung leisten soll. An die Geschirrspülmaschine läßt die Mutter sie ebensowenig heran wie an die Waschmaschine: Sie könnte etwas falsch machen. Ich kann ihre Unwilligkeit gut nachempfinden. Unsere Kinder müssen zwar auch »doofe« Arbeiten machen, aber wenn sie *nur* solche Aufträge hätten, wären sie sicher auch schon manchmal in Streik getreten. Brigittes angebliche »Faulheit« im Haushalt ähnelt der »Faulheit« der meisten Schüler: Sie hat keine Lust, langweilige Arbeiten zu verrichten, die keinen Spaß machen, sie nicht herausfordern, von anderen bestimmt und kontrolliert werden.

Obwohl Brigittes Mutter weiß, daß Ravi schon seit seinem neunten Lebensjahr selbständig und mit gutem Erfolg die Haushaltskasse führt und dafür sorgt, daß in der Küche nichts fehlt, mag sie ihrer vierzehnjährigen Tochter keine ähnlich verantwortungsvolle Tätigkeit anbieten. Sie hält ihre Tochter für unzuverlässig und redet sich ein, Ravi sei eine Ausnahme.

Natürlich ist Ravi insofern eine Ausnahme, als es in unserem weiten Bekanntenkreis außer ihm keinen Elfjährigen gibt, der eigenverantwortlich eine »Haushaltswoche« macht. Aber die Arbeit, die er leistet, ist geringfügig im Vergleich zu der Arbeitsleistung, die Millionen in armen Ländern schon erbringen müssen, wenn sie noch viel kleiner sind. Da es ein sozialer Fortschritt war, die ausbeuterische Kinderarbeit zu beseitigen, neigen wir heute dazu, das extreme Gegenteil, die Unterforderung durch praktische Arbeit gutzuheißen.

Überfordert ist Ravi schon allein deswegen nicht, weil Aufgaben, die man freiwillig und gern tut, keinen Streß erzeugen.

Wer Verantwortung delegiert, gibt Macht aus der Hand. Das ist im Haushalt nicht anders als im Büro. Beides kann man nicht haben: die Alleinherrschaft und den verantwortungsvollen, engagierten Mitarbeiter. Brigittes Mutter kann nicht einerseits die Oberherrscherin, die alles besser weiß, spielen und sich andererseits darüber beklagen, daß sich ihre Tochter unsozial verhält.

Obwohl Brigitte (14) objektiv weniger arbeitet als Ravi (11), fühlt sie sich im Gegensatz zu ihm »gestreßt« und an schlechtgelaunten Tagen sogar »ausgebeutet«. Mehrmals hat sie der Mutter erklärt, daß sie die Jahre und Monate bis zu ihrem Auszug zähle, weil sie dann die »blöde Gängelei« los sei. Ihre Mutter sagt, sie solle kein dummes Zeug reden: »In einer eigenen Wohnung mußt du alles selber machen und hast viel mehr zu tun als jetzt bei uns.«

Diese Antwort resultiert aus der irrigen Annahme, Brigitte wolle ihr aus Faulheit nicht zur Hand gehen. Aber Brigitte ist nicht arbeitsscheu, sie fürchtet sich nicht vor der Arbeit in einer eigenen Wohnung. Was sie zu Hause bei der Arbeit nervt, das ist ihre Hilfsarbeiterrolle.

Brigitte entbehrt als Mithelfende nicht nur die Selbstbestimmung, sie erhält auch keine Anerkennung. Da sie die ihr aufgezwungenen Hilfsarbeiten aus Widerwillen selten ordentlich verrichtet, erntet sie regelmäßig Kritik. Ravi hingegen wird in den Geschäften von Verkäuferinnen und Kunden anerkannt und gelobt. Und daheim fällt niemand über ihn her, wenn er einmal etwas vergessen hat; denn das ist als ich noch den Haushalt führte auch des öfteren vorgekommen.

Kann ein Kind *Demokratie lernen*, wenn es für die Gemeinschaft, der es angehört, keine Pflichten übernimmt?

Die Übernahme von Haushaltsarbeiten läßt sich – vorausgesetzt, daß man mit der Arbeit auch die Verantwortung delegiert – leicht einsichtig machen. Anders als für die Forderung, mehr für die Schule zu tun (»damit du später einmal ...«), braucht man keine Fernziele zu bemühen. Ich hoffe zwar, daß Anand sich später als Ehemann oder als Partner einer Zweierbeziehungsweise Mehrfachbeziehung nicht als Chauvinist gebärden wird, aber meine Forderung, Haushaltspflichten zu übernehmen, begründe ich nicht mit diesem oder irgendeinem anderen Erziehungsergebnis, sondern, viel unaufwendiger, mit seiner momentanen Situation als Mitglied einer Wohngemeinschaft. Demnächst werde ich ihm zusätzlich zu den alten Pflichten das Schrubben der Kochtöpfe antragen. Streit wird es sicher nicht geben; denn meine Argumentation ist solide und läßt sich in einem einzigen Nebensatz zusammenfassen: Weil das demokratisch ist.

Wenn er die Kochtöpfe übernimmt, soll er sie nicht dann abwaschen, wenn ich ihn schicke, sondern lediglich im Laufe des Tages dafür sorgen, daß sie abends sauber im Schrank stehen. Er wird sich diese Arbeit schon selbst einteilen und sich vermutlich jedes Mal einen Topf vornehmen, wenn er sowieso in der Küche darauf wartet, daß sein Nachmittagsgetränk, klare Fleischbrühe, warm wird.

Unseren Kindern ist klar: Wir sind vier Personen, die eine Wohngemeinschaft bilden. Jeder hat seine individuellen Aufgaben, die einen im Beruf, die anderen in der Schule. Für seine individuellen Angelegenheiten ist jeder selbst verantwortlich, für die Gemeinschaftsangelegenheiten müssen alle gemeinsam aufkommen. Das Töpfeschrubben entspricht dem späteren Steuerzahlen – einen Teil meiner Arbeitsleistung erbringe ich für die Gemeinschaft, der ich angehöre und die im Notfall für mich sorgt. Anand käme sich asozial vor, wenn er die Übernahme von Haushaltsarbeiten verweigerte.

Beeinträchtigt die Arbeit im Haushalt die schulische Leistung des Kindes? Dieser Elternsorge steht die Tatsache entgegen, daß Mädchen, die bekanntlich mehr herangezogen werden, Jahr für Jahr im Durchschnitt deutlich bessere Zensuren erzielen als Jungen.

Ein Kind, dem wirklich Verantwortung übertragen wird, fühlt sich anerkannt und geschätzt. Die erworbene Selbständigkeit und das gestärkte Selbstbewußtsein können sich nur positiv auf seine Leistungsbereitschaft auswirken.

3. Was Eltern nichts angeht

Sabine macht ihren Eltern nicht nur Kummer, weil sie, statt für die Schule Latein zu pauken, Shakespeare und Dostojewski liest, sondern auch, weil sie sich gern sehr extravagant schminkt. Sie ist auf die nach Meinung ihrer Eltern abartige Idee verfallen, ihr Gesicht grünlich zu färben und das Augenumfeld in tiefes Blauschwarz zu tauchen.

Zunächst taten die Eltern freundlich ihre Bedenken kund, aber Sabine (13) meinte, ihr Kopf gehöre ihr. Als die Eltern energischer wurden, kam es zu »widerwärtigen« (Sabine) Auseinandersetzungen, die in dem halb verächtlichen, halb wütenden Ausbruch der Tochter gipfelten: »Könnt ihr denn nie aufhören, mich zu schikanieren?!«

Die Eltern meinen, nicht zulassen zu dürfen, daß sich ihre frische junge Tochter »mutwillig verunstaltet«, indem sie sich auf alt und krank zurechtmacht.

»Und warum dürfen Sie das nicht zulassen?« frage ich.

»Aber das geht doch nicht! Das Kind ist doch erst dreizehn! Was für eine Frage!«

»*Warum* geht das nicht?«

»Ich bitte Sie! Wie sieht das denn aus?«

»Grünlich. Und wem schadet die Bemalung?«

Wie ich mich verhalten würde, wollten die Eltern wissen. Gar nicht. Warum soll ich mich in Angelegenheiten einmischen, die mich nichts angehen? Ich stimme Sabine zu: Wie sie ihr Gesicht gestaltet, kann sie allein entscheiden.

Sabines Eltern fürchten sich vor der öffentlichen Meinung. Das Kind blamiere sie vor Nachbarn und Bekannten. Sie seien bereits mehrmals gefragt worden, ob sie denn gar keinen Einfluß mehr hätten auf das Kind. Sie wollen wissen, wie ich auf solche »Spitzen« reagieren würde. Ich würde die Anfragen mit der Erklärung abwimmeln, daß ich Wichtigeres zu tun habe, als mich um Kleinkram und Äußerlichkeiten zu kümmern.

Sabines Eltern haben sich tatsächlich »blamiert«. Jedoch nicht *wegen* der Tochter, sondern *vor* der Tochter. Sie haben kein einziges vernünftiges Argument gegen die Verwendung der grünen Farbe vorbringen können, und sie haben am Ende eines langen Kampfes nachgeben müssen. Voller Verachtung hat Sabine ihnen *feige Abhängigkeit von dem Gerede der Leute* bescheinigt.

So wie Sabines Eltern auf die extravagante Bemalung der Tochter sind wir mehrmals auf die langen Haare unseres Fünfzehnjährigen, der aufgrund einer Wette bis zum Abitur nicht zum Friseur gehen und dann seinem Freund Werner (Friseurlehrling) die Pracht zur Verfügung stellen will, angesprochen worden. Über die Frage, ob wir denn nichts gegen die oft ungepflegte Mähne unternehmen könnten, war ich einigermaßen erstaunt. Ganz selbstverständlich war der Betreffende davon ausgegangen, daß es Aufgabe und Absicht der Eltern sei, sich um die Frisuren ihrer heranwachsenden Kinder zu kümmern.

Nach meinem Geschmack sind die langen Strähnen nicht, aber Anands Kopf ist wirklich *sein* Kopf. Ich werde mich hüten, mein Ansehen bei den Kindern wegen einer derartigen Unwichtigkeit zu untergraben.

Sabine hat weder eine Bank ausgeraubt noch als Drogendealerin agiert. Ihre Eltern übertreiben ganz einfach, wenn sie ihr vorwerfen, durch ihr Aussehen den guten Ruf der Familie in der frisch bezogenen Reiheneigenheimsiedlung zu gefährden. Die spitzen Bemerkungen, die sich auf Sabines Schminkgewohnheiten beziehen, müssen sie verkraften können.

Ich bin sicher, daß der Streit, den sie grundlos vom Zaun gebrochen haben, seine Spuren hinterlassen wird. Bei der nächsten größeren Auseinandersetzung könnte Sabine von vornherein eine starre Anti-Haltung einnehmen und dazu neigen, die Argumente ihrer Eltern ungeprüft als blödes spießiges Zeug abzutun.

Susannes Zimmer zieren Anti-Kernkraft-Plakate. Wenn es sich irgend einrichten läßt, ist sie bei Demonstrationen dabei. Seitdem sie sich politisch engagiert, ist sie zu Hause nicht mehr »schwierig«. Die Mutter hat einige anstrengende Erziehungsjahre hinter sich; denn die Scheidung und der ihr vorangegangene Streit haben ihrer Tochter hart zugesetzt. Susanne (17) empfindet die monotone Büroarbeit als »absolut sinnlos«. Im Büro ist sie eine Nummer, in der grünen Gruppe fühlt sie sich als Mensch anerkannt. Ihre Mutter: »Die politische Arbeit gibt ihrem Leben einen Sinn. In der Gruppe erfährt sie die Geborgenheit, die sie daheim lange entbehren mußte.«

Susannes Mutter, selbst Befürworterin der Kernenergie, muß sich mit weitaus härteren Anfeindungen auseinandersetzen als Sabines Eltern. Denn Susanne beschränkt sich nicht darauf, ihre Brust mit Plaketten zu bepflastern, sie wirbt auch unter den Jugendlichen ihres Bekanntenkreises und der Nachbarschaft Mitstreiter an für die »Erhaltung des Lebens«. Die betreffenden Eltern sehen rot.

Die Mutter hat mit Susanne die Atomfrage mehrmals sachlich erörtert und ihren eigenen Standpunkt begründet. Als Freundin hat sie ihre Tochter auch auf die möglichen Folgen des offenen Engagements hingewiesen: »Du kannst, vom Verfassungsschutz registriert, deine Berufschancen mindern. Du kannst bei Demonstrationen schwer verletzt werden.« Aber diesen Erörterungen lag die Grundeinstellung »Entscheiden muß Susanne selbst« zugrunde.

Ungeachtet ihrer eigenen persönlichen Überzeugung äußert sich die Mutter – besonders in Anwesenheit der Tochter – nur anerkennend über Susannes Engagement. Entsetzten Bekannten erklärt sie, daß der junge Mensch Ideale brauche und daß das Ziel, die Vernichtung von Leben durch Reaktorunfälle zu verhindern, ein höchst ehrenwertes sei: »Ich finde, daß ein Mensch, der sich mit Zivilcourage und Idealismus für eine als gut erkannte Sache einsetzt, Achtung verdient.«

Diese Haltung ist meines Erachtens in jeder Hinsicht weise:
1. Die Mutter erkennt, daß ihre Tochter in den Scheidungsjah-

ren einen Mangel an Geborgenheit und Zuwendung erlitten hat. Sie macht weder sich noch Susanne unnütze Vorwürfe, sondern sieht konstruktiv, daß die Gruppe diesbezüglich eine wichtige psychische Funktion erfüllt. 2. Sie demonstriert ihrer Tochter, daß sie immer bereit ist, zu ihr zu stehen. 3. Sie führt demokratisches Verhalten vor. 4. Sogar vor ihren kritischen Bekannten steht sie respektabler da als eine Mutter, die sich, wie Sabines Mutter, distanziert und die Hände über dem Kopf zusammenschlagend entschuldigt: »Leider bin ich völlig machtlos ...«

In meinem Bekanntenkreis gibt es Eltern, die ihre Kinder vor die Tür setzen oder sich von ihnen lossagen, weil sie in K-Gruppen aktiv sind, und Eltern, die schon außer Rand und Band geraten, wenn das Schulkind sich die Plakette »Atomkraft – nein danke« ansteckt. Müht man sich siebzehn oder mehr Jahre lang ab, die Kinder halbwegs großzukriegen, um sie dann nur anderer politischer Ansicht wegen wegzuwerfen?

Während des Bundestagswahlkampfes gehörte Anand (14/15) zu denen, die in Strauß eine Gefahr für den Frieden und die Demokratie sahen. Als eine bayerische Gymnasiastin wegen des Tragens einer Anti-Strauß-Plakette von der Schule verwiesen wurde, empörte er sich und beschloß, seinerseits mit den entsprechenden Aufklebern das Schulgelände zu betreten. Bevor er zur Tat schritt, erkundigte er sich bei meinem Mann und mir, ob wir dagegen Einwände hätten.

Welche Einwände wären denkbar gewesen? Wir können dagegen sein, daß Schüler auf dem Schulgelände Zettel für eine Partei verteilen oder parteipolitische Plaketten tragen, aber es ist nicht unsere Aufgabe, dies zu verhindern. Reagieren muß der Betroffene, also die Schulleitung. Einwände hätten wir nur erheben können, wenn uns selbst durch sein Tun ein Schaden entstanden wäre. Als Bewohner eines dünnbesiedelten Gebietes hätten wir zum Beispiel die mit einem Schulwechsel verbundenen Komplikationen einer größeren Entfernung zu bedenken geben können. Aber wir leben in einem Ballungsgebiet. Ebenso bequem wie seine jetzige Schule kann Anand vier weitere Gymnasien erreichen. Mein Mann und ich wären also persönlich nicht betroffen gewesen, wenn man Anand von der Schule verwiesen hätte. Deswegen sahen wir uns nicht berechtigt, die geplante Aktion zu behindern.

Wir haben unseren Sohn auf die möglichen negativen Konsequenzen für ihn selbst hingewiesen, so wie wir auch jeden Freund auf die Folgen einer spontanen Entscheidung aufmerksam gemacht hätten. Aber die Diskussion über den möglichen Verlust der Schulkameraden und die Nachteile eines Schülers, der sich an ein neues Lehrerkollegium gewöhnen muß, erfolgte auf der Grundannahme, daß Anands Entscheidung *seine* Entscheidung ist.

Anand wollte die möglichen negativen Konsequenzen notfalls in Kauf nehmen. Entschlossen machte er sich am nächsten Morgen auf den Weg: Drei Aufkleber an der Schultasche, einer auf der Federmappe, zwei Plaketten an der engagierten Brust.

Zu seiner Enttäuschung und wohl auch Erleichterung passierte gar nichts. Die Lehrer reagierten weiser als ihre Kollegen in Bayern. Kein CDU-Mitglied ließ sich zu einer unbedachten Äußerung, geschweige denn zu einer Maßnahme hinreißen. Anand und seine Freunde waren von ihrer toleranten Haltung sehr beeindruckt. Als es gegen Ende des Wahlkampfes in unserer Gegend allgemein Mode wurde, sich mit Stoppt-Strauß-Plaketten zu schmücken, begann Anand sich von einzelnen Straußbekämpfern zu distanzieren, weil ihn deren Methode der Verteufelung als »übertrieben und primitiv« anwiderte.

Ich bin von mehreren Leuten gefragt worden, warum ich dulde, daß mein Kind mit Plaketten zur Schule geht. »Was heißt denn dulden?« habe ich zurückgefragt, »die Schulleitung hat beschlossen, dieses Verhalten zu dulden. Wir selbst haben darüber gar nicht zu befinden. Wir sind betroffen, wenn Anand seine Haushaltswoche nicht ordentlich führt. Seine eventuellen Verstöße gegen die Schulordnung gehen die Schulleitung etwas an.«

Vielleicht hätte Anand, wenn wir ihn darum gebeten hätten, darauf verzichtet, sich auf diese Weise mit dem von der Schule verwiesenen bayerischen Mädchen zu solidarisieren. Aber welche Argumente hätten wir anführen können? Angst vor Scherereien? Angst vor Kritik?

Wenn Eltern mir ihre Sorgen wegen des Geredes der anderen Leute anvertrauen, frage ich oft, ob die Kritik der Bekannten nicht leichter zu verkraften sei als das Gefühl, von den Kindern verachtet zu werden. Aus guten Freunden können schlechte Bekannte werden, aber meine Kinder bleiben meine Kinder.

Eltern, die in politischen Auseinandersetzungen mit ihren Kindern zu Machtmitteln greifen, disqualifizieren sich immer; denn sie führen konkret vor, daß die freie Meinungsäußerung, die sie als großes Plus unserer Gesellschaftsordnung hervorzuheben pflegen, in der eigenen Familie nicht gilt.

Brigitte (14) ist kürzlich von ihrer Mutter »erwischt« worden. Sie »trieb« es mit einem Mitschüler, und beide waren unbekleidet, als die Mutter vorzeitig nach Hause kam. In ihrer Erregung schlug die Mutter zu und warf den Freund ihrer Tochter aus der Wohnung: »Na warte, was Vati zu dieser Schweinerei sagt!« Überrumpelt blieb Brigitte zunächst reglos, aber am Abend, als sie von ihrem Vater zur Rede gestellt wurde, hatte sie sich bereits gesammelt. Die Beine übereinander geschlagen, betont lässig zurückgelehnt, ließ sie ihn ironisch grinsend »all diesen blöden Quatsch von früher runterleiern«. Dann beschied sie den Eltern: »Ihr könnt ja vielleicht nichts dafür, daß ihr so verklemmt seid. Aber eines sage ich euch: Ralf und ich lieben uns, und dagegen könnt ihr nichts machen.«

»Untersteh dich, ihn noch einmal in dein Zimmer zu nehmen!«

»Nun gut, dann muß ich eben ausziehen. Es stinkt mir sowieso schon lange bei euch. Ich kann bestimmt bei Bärbel wohnen oder vielleicht auch bei Ralfs Eltern. Die sind astrein.«

Mit dieser Erklärung war der Kampf, der sich bis nach Mitternacht hinzog, bereits entschieden. Denn noch wichtiger als die »Moral« der Tochter war den Eltern die Wahrung der Familienfassade. Brigitte kannte Ralfs Eltern nur flüchtig. Sie hat gepokert und mit sicherem Instinkt alles auf die Karte *Angst vor dem Gerede der anderen Leute* gesetzt. Damit hat sie *die Alten in ihre Schranken verwiesen*. Fazit: Brigitte darf Ralf in ihr Zimmer nehmen und die Tür zumachen.

Wem fügt Brigitte einen Schaden zu, wenn sie mit ihrem Freund sexuelle Zärtlichkeiten austauscht? Ich würde mir den frechen Ton mir gegenüber verbitten, aber in ihre Liebesbeziehung würde ich mich nicht einmischen.

Susanne (17) hat ihren ersten Freund mit knapp sechzehn nach Hause gebracht. Ihre Mutter hat sie vor schnellen Bindungen gewarnt. Aber sie hat nicht mit ihrem guten Ruf, sondern mit ihren Erfahrungen als Geschiedene argumentiert. In diesem Zusammenhang war die Erklärung, daß sie als Mutter und Freundin nur das Beste wolle, für die Tochter durchaus glaubwürdig. Die Frage der sexuellen Beziehung hat die Alleinerziehende mit Susanne und ihrem Freund nicht unter dem Aspekt »Seid ihr dafür schon alt genug?« oder »Ist das moralisch?« erörtert, sondern ausschließlich im Hinblick auf die Vermeidung einer ungewollten Schwangerschaft. Auf ihre Empfehlung hin haben die beiden Jugendlichen eine Beratungsstelle der Pro Familia aufgesucht und sich über die Alternativen zur Pille informiert.

Während Susanne den Rat ihrer Mutter wie den einer guten Freundin gerne angenommen hat, ist sich Brigitte darüber im klaren, daß ihre Eltern, wenn sie ›dein Bestes‹ sagen, ein Verhalten meinen, das im Bekanntenkreis keinen Anstoß erregt. Sie würden bei ihrer Tochter sicher mehr Verständnis finden, wenn sie ihre Angst nicht indirekt (»Das gehört sich nicht«), sondern direkt ausdrückten: »Die Meinung der Nachbarn ist uns nicht gleichgültig. Wir leiden, wenn sie schlecht über uns reden.«

Eine ehrlich zugegebene Schwäche wird leicht als menschlich akzeptiert. Da es Brigitte selbst auch nicht egal ist, was ihre Mitschüler von ihr denken, wäre sie sicher bereit gewesen, auf eine offen geäußerte und nicht in forsch hartes Auftreten gekleidete Sorge Rücksicht zu nehmen. Als Eltern, die ihre Angst vor einem schlechten Image nicht vertuschen, wären Brigittes Eltern Betroffene. Und als Betroffene könnten sie, ohne sich als ›Erzieher‹ aufzuspielen, Ansprüche anmelden. Aus Wut über ihre ›verlogenen Alten‹ provoziert Brigitte das Getuschel der Hausfrauen hinter den Gardinen und Türspionen mutwillig, indem sie sich demonstrativ mit ihrem Freund im Treppenhaus abknutscht und auf der Straße küßt. Sie will ihren Eltern signalisieren, daß sie ihnen das Recht abspricht, zu entscheiden, was sich gehört und was sich nicht gehört, und sie kommt sich emanzipiert vor, weil sie gegen die »spießigen« Normen ihrer Eltern verstößt. Wenn die Eltern sich nicht als Erzieher aufgeführt hätten, sondern als Personen, die in einer Beziehung zu dem Familienmitglied Brigitte stehen, wäre die Tochter sicher bereit gewesen, auf die Image-Sorge ihrer Eltern Rücksicht zu nehmen und auf die Szenen, die ihnen so arg peinlich sind, zu verzichten.

Ute (20) pflegt seit gut zwei Jahren wechselnde Mehrfachbeziehungen. Die Studentin möchte ausziehen, weil ihr die ›dauernde Einmischerei auf den Nerv geht‹. Typischer Dialog:
»Wir wollen doch nur dein Bestes.«
»Woher wißt ihr denn, was mein Bestes ist?«
Oder:
»Man muß sich doch einmal für einen Menschen entscheiden!«
»So? Wer ist man? Ich nicht.«
Oder:

»Du läßt dich doch nur ausnutzen!«

»Irrtum. Ich amüsiere mich.«

Oder:

»Meine Privatangelegenheiten gehen euch überhaupt nichts an!«

»Aber wir sind doch deine Eltern!«

Die Eltern sind ziemlich verzweifelt. Besonders erbittert ist der Vater: Ute führt das Leben einer Hure. Was ich als Mutter dagegen unternehmen würde, will er von mir wissen.

Gar nichts. Ich kann seine Aufregung nicht nachempfinden: »Wären Sie ähnlich besorgt, wenn Ute ein Junge wäre? Würden Sie dann nicht sagen, daß man sich in der Jugend die Hörner abstoßen muß?«

Utes Vater hat sich in Bierrunden bei uns oft mit dem wilden Leben, das er vor seiner Ehe geführt hat, gebrüstet. Ich schlage ihm vor, sich damit abzufinden, daß seine Tochter nach ihm geraten ist.

Ute schadet niemandem. Sie entspricht lediglich nicht den Vorstellungen ihrer Eltern vom Liebesleben einer Zwanzigjährigen.

Ich fordere ihren Vater auf, sich einmal vorzustellen, Ute sei nicht seine Tochter, sondern eine Arbeitskollegin, mit der er sich besonders gut versteht. Würde er dann nicht sagen, daß ihr Liebesleben *ihre* Angelegenheit sei? Nach seiner Meinung gefragt, würde er nicht verhehlen, daß ihr Stil nicht seinem Geschmack entspricht. Aber er würde sicher hinzufügen, daß das, was sie privat tut, ihn nichts angehe und keinerlei Einfluß habe auf seine freundschaftlichen Beziehungen zu ihr am Arbeitsplatz.

Wie Brigittes Eltern sehen auch Utes Eltern in ihrem Kind kein eigenständiges Wesen, sondern einen Repräsentanten, einen Ableger ihrer selbst. Gegen diesen Besitzanspruch wehren sich Brigitte und Ute. Und beide würden sich wahrscheinlich gemäßigter geben, wenn das Gefühl, eine Bürde abschütteln zu müssen, weniger ausgeprägt wäre.

Diese narzißtische Erwartungshaltung der Eltern, auf deren Konto Versagensängste (Schülerselbstmorde) einerseits und verkrampft wilde Aktionen eines verzweifelt entschlossenen Aufbegehrens andererseits gehen, verhindert eine demokratische partnerschaftliche Beziehung zwischen Eltern und Kindern. Ich habe mich schon sehr früh mit der Frage ›Was erwarte ich von meinen Kindern?‹ auseinandergesetzt und bald angefangen, diese Frage für mich umzuformulieren: ›Was erwarte ich *nicht*?‹ Als Anand nach Meinung unserer Privatpsychologen Schulversager wurde, habe ich angefangen, mich zu fragen, warum ich überhaupt Erwartungen an mein Kind richte. Die ehrliche Antwort war eindeutig: aus Eitelkeit. Unsere Kinder sollen etwas werden, weil ich sie als mein Produkt und mein Eigentum betrachte. Meine Mißerfolge bei der aufgezwungenen Schulaufgabenhilfe haben einen befreienden Umdenkungsprozeß ausgelöst. Und die in anderen Familien erlebten Bitterkeiten über enttäuschte Erwartungen wie meine zahlreichen Kontakte zu Jugendlichen, die ausgeflippt sind, weil sie sich nicht mehr imstande sahen, die Erwartungen ihrer Eltern zu erfüllen, haben entscheidend und prägend dazu beigetragen, daß ich erwartungsfrei geblieben bin.

Die meisten Akademiker sagen auf Partys und Kongressen: »Ob mein Sohn Forscher oder Maurer wird, ist mir egal. Hauptsache, er wird glücklich.« Diese Aussage ist in der Regel eine Lüge. Man meint es nicht so, man gibt sich nur eine schicke Attitüde. Auch ich habe solche snobistischen Statements schon abgegeben, als ich in Wirklichkeit noch Karriereambitionen für meine Kinder hatte. Wenn aber Anand beispielsweise heute mit dem Entschluß zu mir käme, statt zu studieren in einem grünen Kreis oder in einem Entwicklungsland handwerklich tätig zu werden, würde ich nicht nur *keine* direkten oder indirekten Pressionen ausüben, sondern auch insgeheim *wirklich* nicht leiden.

Als Anand die sogenannte Trotzkopfphase ausließ, fragte ich mich, ob die in der Literatur beschriebenen Erscheinungsformen zwangsläufig (biologisch bzw. psychologisch begründet) auftreten oder in erster Linie als Reaktion auf Gängelei. Heute frage ich mich, ob die Aggressionen der sogenannten Pubertät, von denen bei Anand (fast 16) bisher nichts zu merken war, auch dann auftreten, wenn die Eltern sich von ihren Erwartungen und Besitzansprüchen gelöst haben, bevor das Kind in den Ablösungsprozeß eintritt.

Worauf gründen sich die Erwartungen von Utes Vater? In der Schulzeit hat er von ihr Zweien verlangt, obwohl er selbst nur ein mittelmäßiger Schüler gewesen war. Jetzt erwartet er von ihr sexuelle Enthaltsamkeit, obwohl er selbst ein ausschweifendes Leben geführt hat.

»Ute ist eine Hure«, sagte er mir. Warum sagte er nicht: »Ute ist unglücklich«? Sie ist nicht unglücklich. Und wenn sie es wäre, dann würde ihn das weniger kümmern als der Tatbestand, daß sie ein Leben führt, das ›auf die Eltern ein schlechtes Licht wirft‹. Sein Besitzanspruch blockiert sein natürliches freundschaftlich-liebevolles Empfinden. Da sie ihren Eltern ›keine Ehre macht‹, ist er für die Frage, ob sie glücklich oder unglücklich ist, ob sie leidet oder sich wohl fühlt, nicht mehr zugänglich.

Utes Eltern wollen sich dem Wunsch der Tochter, ein eigenes Zimmer oder zusammen mit Freundinnen eine Wohnung zu mieten, widersetzen. Sie berufen sich auf einen Gerichtsentscheid, nachdem Eltern sich weigern können, für die Miete des studierenden Kindes aufzukommen, wenn sie bereit sind, ihm in ihrem Hause Unterkunft zu gewähren. Finanzielle Probleme haben sie nicht. Es geht ihnen nur darum, Ute unter Kontrolle zu behalten. Sie fürchten, daß ihre Tochter es in einer eigenen Wohnung »noch schlimmer treiben wird als bisher«.

Ute hat in dem großen Haus ihrer Eltern ein Zimmer mit eigenem Bad. Sie wohnt nach Meinung ihrer Eltern besser als die meisten Studenten: »Ihre Unterkunft ist mindestens gleichwertig.«

Das stimmt nicht. Denn Ute geht es nicht um das gekachelte Badezimmer, sondern um ihre Freiheit. Gleichwertig wäre ihre Unterkunft nur, wenn die Eltern es unterließen, sich in ihre Privatangelegenheiten einzumischen.

Der Auszug der Tochter scheint mir für alle Beteiligten die beste Lösung zu sein. Für die Eltern entfiele die tägliche Provokation. Und Ute hat eigentlich nur dann eine Chance, zur Ruhe zu kommen, wenn sie nicht dauernd mit der verlogenen doppelten Moral ihres Vaters konfrontiert wird.

Ich schlage den Eltern vor, sich einmal in die Lage ihrer Tochter zu versetzen: »Wie würden Sie selbst auf den Versuch, das Verhalten über finanzielle Erpressung zu regulieren, reagieren? Würden Sie die Erpresser nicht verachten? Würden Sie es den Erpressern nicht zeigen wollen?« Ich an Utes Stelle hätte sicher *bockig* oder *pubertär* reagiert und mich auf keinen Fall klein kriegen lassen. Und deswegen würde ich als Mutter solche Methoden auch nicht anwenden.

Wir haben nicht vor, uns in das Liebesleben unserer Kinder einzumischen. Anand (15 ½) hat noch keine Freundin. Aber er weiß, daß wir seine Beziehungen als seine Angelegenheiten betrachten werden. Ich werde meinen Standpunkt, den er bereits kennt, noch einmal deutlich darlegen: Jungen, die das Risiko der ungewollten Schwangerschaft allein dem Mädchen aufbürden, sind verantwortungslose Egoisten. Da er mich ebenso respektiert wie ich ihn, rechne ich damit, daß er sich zur Pro Familia begeben wird, um sich über Verhütungsmittel auch für den Mann zu informieren.

Leichtfertigkeit halte ich vor allem deswegen für unwahrscheinlich, weil Anand durch die vielen Sozialfälle, um die wir uns im Laufe der Jahre gekümmert haben, vielfältige Einblicke in individuelle Miseren – darunter auch eine, die durch ein ungeplantes Kind entstanden war – gewonnen hat.

Aber auch wenn er sich leichtfertig verhielte, bliebe er mein Freund. So wie er auch mein Freund bliebe, wenn er dem Alkohol oder dem Heroin verfiele. Er wüßte allerdings, daß ich sexuelle Leichtfertigkeit negativ bewerte und rücksichtslos unkontrolliertes Verhalten von Jungen verachtenswert finde.

Ich mache aus meiner Meinung keinen Hehl, und ich gebe auch Ratschläge. Aber ich verlange nicht, daß mein Kind in Angelegenheiten, von denen ich persönlich nicht betroffen bin, meine Meinung berücksichtigt.

4. Wenn Jugendliche ihre Eltern ›Arschloch‹ schimpfen

Es stört mich nicht, daß die Skatfreunde an unserem Spieltisch untereinander in der Kultursprache der gymnasialen Oberstufe verkehren. Piedi: »Karo hat er doch abgeworfen, du Arsch!« – Holm: »Laber doch keinen Dünnschiß!« – Anand: »Kack äh Scheiße!« Sollte aber einmal einer von ihnen auf die Idee kommen, mich selbst mit ›Arsch‹ zu titulieren oder meine Überlegungen ›Dünnschiß‹ zu nennen, dann dürfte er seinen Mantel vom Haken nehmen und unser Haus verlassen.

»Könnt ihr denn nie aufhören, mich zu schikanieren?!« stöhnte Sabine (13) am Ende langer nörgeliger Auseinandersetzungen wegen ihrer blauschwarzen Augenumrandung. »Wird man denn nie einmal in Ruhe gelassen?!« stöhnte sie, als die Eltern sie wieder einmal ins Gebet nehmen wollten wegen ihrer schlechten Noten. »Müßt ihr euch denn dauernd mit mir beschäftigen?« stöhnte sie, als ihre Mutter wieder einmal bohrend fragte, wo sie den langen Nachmittag verbracht hatte.

Die Gängelei – ihre Eltern nennen es ›für das Kind sorgen‹ – hat mit der richtigen Ernährung des Kleinkindes ihren Anfang genommen und ihren ersten Höhepunkt erreicht, als Sabine in dem Mietshaus eine Lärmerzeugerin wurde. Nach dem Umzug in ein eigenes Reihenhaus hat es eine halbjährige Pause gegeben, jetzt steuert die ›Sorge um das Wohl des Kindes‹ einem neuen Gipfel entgegen.

Sabine entzieht sich, indem sie stundenlang im Stadtwald herumläuft und dort im Selbstgespräch ausgefeilte Formulierungen für ihren »Brief einer Abschiednehmenden« erarbeitet. Während die sensible Frühreife sich mit der Frage nach dem Sinn des Lebens herumquält, sorgt sich ihre Mutter wegen der vermuteten Beziehung zu einem älteren Mann: »Warum ist sie sonst bis nach dem Abendessen weg? Warum schminkt sie sich sonst auf alt?«

»Bei uns hat es nie eine wirkliche Beziehung gegeben«, resümiert Sabine, »immer nur das, was meine Eltern unter Erziehung verstehen.« Sie ist fest entschlossen, ihre Eltern schon bald zu »entsorgen«. Nach Fertigstellung ihres Abschiedsbriefes, für den ich einen Verleger suchen soll, will sie ihre Eltern durch Freitod von der Last einer Tochter, die nicht den Erwartungen entsprechend funktioniert, befreien. Ich versuche, sie in ihrer alternativen Überlegung, als Ärztin in ein Entwicklungsland zu gehen, zu bestärken, aber ich kann es nicht für unwahrscheinlich halten, daß sie ihren Vorsatz, »wenigstens sebstbestimmt zu sterben«, realisiert.

Wenn Sabine mit ihren Eltern am Abendbrottisch sitzt, hat sie Erstickungsempfindungen. Sie sieht die Wände auf sich zukommen. Ihr wird schwindelig vor Enge und Hitze. Scheinbar unmotiviert springt sie auf und rennt – dem Familienkreis entfliehend – in ihr Zimmer. Die Mutter folgt: »Ist dir nicht gut? Du kannst mir doch alles sagen!«

»Ich sehe die Angst in ihren Augen«, sagt Sabine, »hinter ihren Interessen für mein Wohlbefinden steht die Sorge, ich könnte von dem Mann, den sie mir angedichtet hat, schwanger sein. Und das wäre eine gräßliche Blamage für sie.« Als die Mutter wieder einmal auf Sabines häufige Übelkeiten zu sprechen kam, hat die Tochter den befürchteten Zustand schlicht bestätigt. Genüßlich hat sie ihre Mutter das »gesammelte Entsetzen austoben lassen«, um sie dann mit der Erklärung, daß der *Test* aufschlußreich gewesen sei, aus dem Zimmer zu schikken.

Sabine fragt sich nach dem Sinn des Lebens, weil sie nicht oberflächlich ist. Aber an ihrer depressiv verzweifelten Gemütsverfassung und ihrem »Ekel« tragen die Eltern eine große Mitschuld.

Ihre Mutter klagt über das mißratene Kind, für das sie ›so große Opfer‹ gebracht habe. Opfer hat sie gewiß genug gebracht. Und es waren wohl auch größtenteils Opfer zum Wohle des Kindes. Aber an diese Opfer hat sie (unbewußt) von Anfang an Erwartungen geknüpft. Eigentlich könnte sie stolz sein auf ihre Tochter. Sie ist deprimiert, weil Sabine aus dem Rahmen ihrer Erwartungen fällt. In Sabine stecken ungeheure Fähigkeiten, die nach Entfaltung drängen. Aber die Wege und Umwege, die sie in ihrem Selbstfindungsprozeß nimmt, passen nicht in das Schema ihrer Eltern. Wären sie erwartungsfrei, könnten sie sich freuen an dem selbstbestimmten Lernen ihrer Tochter, an der Tiefe ihrer Gedanken und an der Intensität ihres literarischen Interesses. Mit ihren an der Meinung der Umwelt ausgerichteten Erwartungen treiben sie die Dreizehnjährige in den Haß.

Daß Sabine ihre Mutter noch nicht als »blöde Kuh« beschimpft hat, liegt allein daran, daß sie eine elitäre Sprache bevorzugt. Brigittes »Unverschämtheiten« sind eher deftig als spitz. Als Kleinkind ist sie in einem permanenten Ermahnungsprozeß auf Tischmanieren getrimmt und erbarmungslos der damals gültigen Maxime ›Der Teller wird leer geputzt‹ unterworfen worden. Man hat ihr schlechte Klassenarbeiten um die Ohren gehauen und ihr Bewegungslosigkeit abverlangt: »Der Grundton meiner Kindheit war die gereizte Meckerei. Ich habe eigentlich immer nur gestört und nie richtig funktioniert.«

Sicher übertreibt sie, wenn sie behauptet, so etwas wie Geborgenheit nie erfahren zu haben. Aber daß sie dauernd gemaßregelt und nur selten anerkannt worden ist, dürfte zutreffen. Groß gewachsen, fühlt sie sich heute mit vierzehn durchaus imstande, bei einer Keilerei mit dem Vater ›oben zu bleiben‹. Und ›der Alte‹ hat nur zu gut begriffen, was sie mit ihren regelmäßig spaßigen Aufforderungen zu einem Ringkampf signalisieren will.

›Emanzipieren‹ will sie sich jetzt: »Ich habe mir die Gängeleien lange genug gefallen lassen. Nun ist Schluß damit!«

Nach der zehnten Klasse will sie eine Banklehre beginnen – »und dann Adios!« Die Absicht, das Haus zu verlassen, »sobald die Kohlen stimmen«, schmiert sie ihren Eltern bei jeder sich bietenden Gelegenheit aufs Brot. Während sie ihrem Vater vorzugsweise »frech« kommt, fertigt sie ihre Mutter meistens in einem Ton arroganter Verächtlichkeit ab: »Ist es dir nicht peinlich, deine Frustrationen als Nur-Hausfrau an mir abzureagieren?«

Hannas Mutter (Lehrerin) kennt Brigitte aus der Grundschulzeit. Sie ist entsetzt über die ›Brutalisierung‹ dieses Mädchens, das sie als ›nett‹ in Erinnerung hat: »Ich würde als Mutter dabei kaputt gehen.«

Die vierjährige Hanna sitzt jetzt bereits in dem Zug, aus dem Brigitte jetzt abspringt, ›in die Freiheit‹. Nachdem ihre Eltern vier Wochen lang versucht haben, ihr rigoros das Bedürfnis des Schlafens in Geborgenheit abzudressieren, um einer Maxime gerecht zu werden, an die sie heute nicht mehr glauben, verfolgen sie momentan ein Erziehungsziel, das sie vielleicht morgen schon in Frage stellen werden.

Konsequent achtet der Vater darauf, daß Hanna beim Essen die linke Hand nicht auf den Schoß, sondern auf den Tisch, links neben den Teller, legt. Konsequent klopft er ihr auf die Finger, wenn sie statt zügig zu essen mit der Gabel ›herumspielt‹. Konsequent gibt er ihr einen Klaps, wenn sie mit vollem Munde spontan auflacht oder etwas dazwischen ruft. Die Gesprächsatmosphäre am Familientisch ist gestört. Durch die Aufpasserei und das dauernde Eingreifen unterbricht der Vater nicht nur die anderen, sondern auch sich selbst: »Wie oft habe ich dir schon gesagt, daß du die Hand ... Wo waren wir stehen geblieben?«

Warum macht er sich und die Familie nervös, um seiner Vierjährigen mit großem erzieherischen Aufwand Verhaltensweisen beizubringen, die sie sich im Laufe der Jahre von allein durch Nachahmung aneignen wird? Er will einer Norm gerecht werden, so wie er einige Monate vorher der Norm ›Vierjährige schlafen in ihrem eigenen Zimmer‹ gerecht werden wollte.

Seine Frau gängelt nicht minder als er. Sie bringt Hanna zur Zeit bei, daß man Gästen immer das ›gute‹ Händchen gibt.

Während Hanna bei der Eßerziehung manchmal weint, jedoch nie offen protestiert, reagiert sie auf die ›Erziehung‹ ihrer Mutter häufig ›bockig‹. Auch Brigitte hat der Mutter schon lange, bevor sie dem Vater zu widersprechen wagte, ›Bescheid gegeben‹. Und auch in ihrer heutigen ›Frechheit‹ gegenüber dem Vater liegt noch mehr Respekt als in der Verachtung, mit der sie die Mutter ›abserviert‹.

Brigittes Mutter, die im Haushalt keine Verantwortung delegiert, führt nur scheinbar das ›Regiment‹. Zwar schimpft sie, wenn ihr Mann samstags nicht helfen will, zwar zetert sie, wenn

Brigitte den Herd nur oberflächlich abwischt, aber dieses Herumschreien gleicht dem Gebrüll eines Kindes, das seinen Willen nicht kriegt. Ihr Mann schimpft nicht, wenn sie seine Oberhemden nicht perfekt gebügelt hat. Er *rügt* sie.

In solchen Momenten der Zurechtweisung erlebt Brigitte die Ehe ihrer Eltern als ein Arbeitgeber-Arbeitnehmer-Verhältnis. Vater beanstandet in seiner Funktion als Vorstand die schlecht ausgeführte Arbeit seiner Untergebenen. So ist es kein Wunder, daß Brigitte gegen den Vater rebelliert, die Mutter aber arrogant ignoriert.

Obwohl sie genauso viel arbeitet und verdient wie ihr Mann, wird auch Hannas Mutter oft in Anwesenheit des Kindes *gerügt*. Und nicht selten wegen Lappalien wie etwa einer nicht exakt gefalteten Zeitung. Manchmal reagiert sie bissig, ab und zu bricht sie in Tränen der Wut aus, meistens läßt sie sich die Zurechtweisung stumm gefallen, nie weist sie die Anmaßung ihres Mannes souverän ab. Da die Vierjährige die Machtverhältnisse längst durchschaut hat, ›pariert‹ sie der Mutter nur bis achtzehn Uhr. Sobald der Vater zu Hause ist, ignoriert sie die Anweisungen der Mutter.

Hannas Mutter sagt, daß sie ›kaputt gehen‹ würde, wenn sie eine so unverschämte Tochter wie Brigitte hätte. Susannes Mutter, die bis zu ihrer Scheidung ihre Nachbarin war, fragt sie: »Merkst du denn nicht, daß du bereits auf dem Weg dahin bist?! Wenn du von deiner Tochter respektiert werden willst, mußt du erst einmal dafür sorgen, daß dich dein Mann respektiert.« Susannes Mutter sagt, daß sie selbst es nicht geschafft habe, ihre Ehe auf eine partnerschaftliche Basis zu stellen: »Ich habe die Konsequenz Scheidung vor allem auch deswegen gezogen, weil ich wenigstens zu einer guten Beziehung zu meiner Tochter gelangen wollte.«

Ich glaube, daß Susannes Mutter recht hat, wenn sie voraussagt, daß ihre ehemalige Wohnungsnachbarin von der Tochter Hanna eines Tages einen ähnlichen ›Dank‹ ernten wird wie Brigittes Mutter, die sie heute so tief bedauert.

Für den deftigen Stil, den Brigitte seit geraumer Zeit favorisiert, hat sich auch Robert entschieden. Wie mehrere Mitschüler (aus »guten« Familien) beschimpft er seinen Vater bei kleinen Anlässen als ›Arschloch‹, seine Mutter ist für ihn nur noch eine ›blöde Kuh‹. Die Eltern verstehen die Welt nicht mehr: »Robert ist immer so ein gutes und williges Kind gewesen.« Bis zum Ende der elften Klasse hat Robert eifrig gelernt. Jetzt kurz vor dem Ziel ist er in Streik getreten. Als Begründung für sein Schulschwänzen führt der Achtzehnjährige an, daß sich die Mühe nicht mehr lohne, da er den angestrebten »Abi-Schnitt« von 2,0 sowieso nicht schaffen könne. Mindestens einmal in der Woche versetzt er die bildungsbewußten Eltern mit der Erklärung, ›morgen‹ abzugehen, in Panik. Auf ihre Versuche, ihn zu ermutigen, reagiert er fuchsteufelswild: »Wenn ihr wüßtet, wie beschissen ihr seid!«

»Sollen wir uns das gefallen lassen? Was können wir tun?« Roberts Eltern sind ratlos.

Ich verstehe sein *Ausrasten* als Abwehrreaktion auf die Erwartungshaltung der Eltern, der er sich zu lange untergeordnet hat. Er hat ›immer alles bekommen‹, er hat keine bedeutenden Ehekrisen miterlebt, und er hat vom Mofakauf bis zur Auslandsreise mit Freunden immer alles gedurft. Aber er hat sich dieser guten Behandlung auch immer als *würdig* erweisen müssen – vor allem durch gute Schulleistungen. Mittelmäßig begabt, hat er durch Fleiß meistens überdurchschnittlich gute Noten erzielt. Gelegentliche Vieren haben die Eltern ihm als Ausrutscher ›verziehen‹. Sie waren *gütig* und haben nicht gemerkt, welche Versagensängste sie dadurch ausgelöst haben, daß sie schlechte Noten wie ein Delikt entschuldigten.

Von dem Wunsch beseelt, seine Eltern, die ihm so oft die *Absolution* erteilt haben, schuldig zu sprechen, weist er ihnen jetzt nach, daß sie als Erzieher von Anfang an »alles falsch« gemacht haben. Da sie, wie er sich ausdrückt, ›immer die vornehme Tour des sanften Psychoterrors gepflegt‹ haben, befreit er sich jetzt, indem er sich der Sprache befleißigt, die nach (der irrigen) Meinung seiner Eltern nur im Asozialenmilieu beheimatet ist.

Seine Eltern sind mit ihren Nerven am Ende. Aber Robert hat sein Rachebedürfnis noch längst nicht befriedigt. Selbst auf so harmlose Fragen wie »Wollen wir jetzt Mittag essen?« reagiert er mit moralischen Vorträgen, die von übelsten Beleidigungen durchtränkt sind.

Roberts Vater zittert, seine Mutter hält sich mit Valium ruhig. Beide sind ›fix und fertig‹. Was sollen sie tun?

Ich kann ihnen keinen *objektiv richtigen* Rat geben. Ich sage ihnen, wie ich sehr wahrscheinlich reagieren würde. Etwa so: »Wir haben Fehler gemacht, okay. Es tut mir leid, daß wir dich vielleicht mit falschem Ehrgeiz gequält haben. Aber wir waren keine Monster, und du hast sicher auch Gutes erlebt in deinem Elternhaus. Ich verlange von dir, daß du uns das Recht auf Unvollkommenheit zubilligst. Was auch immer wir falsch gemacht haben mögen, es steht dir nicht zu, uns wie den letzten Dreck zu behandeln. Jedenfalls bin ich nicht bereit, mir von dir maßlose Unverschämtheiten gefallen zu lassen. Wenn du dich momentan – aus welchen Gründen auch immer – außerstande siehst, mit uns in einer zivilen Form zu verkehren, dann zieh bitte aus.

Du bist volljährig. Über deine Ausbildung kannst du selbst befinden. Aber mich ›blöde Kuh‹ zu schimpfen, steht nicht in deinem freien Ermessen.

Mit einer räumlichen Distanzierung meine ich keine Trennung. Ich werde mich immer als deine Freundin betrachten, aber momentan kann ich dein Verhalten nicht aushalten.«

Roberts Eltern werden den Auszug nicht anbieten; denn das Abitur ist ihnen *jedes* Opfer wert. Lieber lassen sie sich noch zwei Jahre lang beschimpfen, als daß sie das Risiko (das in der momentanen Situation vielleicht größer ist!) eingehen, daß ihr Robert die Schule vor dem Abschluß verläßt.

Auch Renates Eltern habe ich vorgeschlagen, die räumliche Trennung zu erwägen. Wenn ihre Mutter nur in ihr Zimmer tritt, um etwas zu fragen, erhält sie Antworten wie: »Würdest du bitte freundlicherweise die Tür von außen zumachen? Mir fehlt die Zeit für dein dümmliches Gequatsche.«

Bei fast allen Jugendlichen, die mir – sich brüstend – erzählen, wie sie ›es den Alten zeigen‹, sehe ich, daß sie ›Rache üben‹ für entbehrte Geborgenheit und Anerkennung, daß sie ihre Eltern *bestrafen* für die Gängelei, der sie, der Wohnsituationen wegen und im Interesse der Familienfassade, ausgesetzt waren. Anands Kommentar zu einer Mutter, die von ihrem Sohn, Anands Mitschüler, ähnlich wie Renates Mutter ›zur Sau‹ gemacht wird: »Sie tut mir ja irgendwie leid. Aber sie hat selbst schuld.«

Sicher hat sie dieses Verhalten selbst mitverschuldet, aber was soll ihr diese Erkenntnis nützen? Was passiert ist, ist passiert. Sie kann ihre »Fehler« nicht ungeschehen machen. Sie muß jetzt mit den Folgen fertig werden.

Interessiert wollte Anand wissen, wie ich mich verhalten würde, wenn er auf meine Bitte, schnell einmal einen Brief zur Post zu bringen, wie sein Schulfreund reagierte. Der hatte in Anwesenheit anderer Jugendlicher seiner *Alten* müde Bescheid gegeben, daß sie ihn nicht dauernd mit ihrem ›Dünnschiß belabern‹ möge. Meine Antwort: »Ich würde dir eine ballern, daß du mindestens drei Tage lahmen würdest.«

Wenngleich Anand weiß, daß das »Ballern« mehr symbolisch

gemeint war, so ist er sich doch vollkommen darüber im klaren, daß er sich derartige Unverschämtheiten nicht erlauben dürfte. Meine Duldsamkeit findet dort ihre Grenze, wo meine Selbstachtung tangiert wird.

Für Renates Eltern wäre das getrennte Wohnen der Tochter mit erheblichen finanziellen Opfern verbunden. Wir haben überschlägig ermittelt, daß sie, wenn Renate durch Nebenjobs für einen Teil der Kosten aufkäme, etwa dreihundert Mark monatlich aufbringen müßten. Da die Eltern nicht betucht sind, müßten sie zum Beispiel auf ihre Urlaubsreise ins Ausland verzichten. Mich würde dieses Opfer sehr schmerzen. Aber ich würde es geringer achten als die tödlichen Beleidigungen.

Grobe Beleidigungen wären für mich völlig unakzeptabel. Schon ein ständig gereiztes Klima würde mich zu der Überlegung veranlassen, ob die freundschaftlichen Beziehungen nicht am ehesten durch eine (vorübergehende) räumliche Distanzierung gerettet werden könnten.

5. Kinderaustausch innerhalb der Stadt?

Mit Brigitte ist nichts mehr anzufangen. Kürzlich hat ihre Mutter die *echte Aussprache* versucht, die der Elternberater empfohlen hatte: ›Ich weiß, daß ich viele Fehler gemacht ...‹

»Ich auch. Und deswegen wäre ich dir sehr verbunden, wenn du mich wenigstens jetzt in Ruhe ließest.«

Den zweiten Anlauf der Mutter quittierte Brigitte deftiger: »Hör auf, mich mit deinem Scheiß zu belästigen!«

Nach meinem Empfinden wäre eine Trennung die beste Lösung.

Aber wo könnte die Vierzehnjährige wohnen? Ein Internat kommt aus Kostengründen nicht in Frage. Ihre Patentante, bei der sie willkommen wäre, wohnt in einer anderen Stadt. Soll Brigitte jetzt noch die Schule wechseln? Daß sie zu ihrem Freund ziehen könnte, war eine leere Drohung.

Da ich sehr viele ähnliche Fälle kenne, schlage ich Leuten mit Initiative vor, einen Kinderaustausch zu organisieren.

Wir kennen den Jugendaustausch zwischen verschiedenen Nationen. Warum sollte es einen solchen Austausch nicht innerhalb der Stadt geben? Dieser Kinderaustausch müßte nicht als ›*Erziehungshilfe*‹ oder gar als ›*Maßnahme für Verhaltensauffällige*‹ organisiert werden. Er könnte angeboten werden als Möglichkeit der Horizonterweiterung, und er könnte durchaus auch für Kinder attraktiv sein, die nicht im Konflikt mit ihren Eltern leben.

Iris (20) ist vor vier Monaten zu zwei Freundinnen gezogen, die wegen der hohen Mietkosten ein drittes Mitglied für ihre Wohngemeinschaft suchten. Mit drei Brüdern und einem verwitweten Vater aufgewachsen, hat sie sich in den letzten Jahren als Mädchen »irgendwie untergebuttert« gefühlt. Nachdem die Spannungen, für die es »eigentlich« keinen Grund gab, erheblich zugenommen und mehrere unerfreuliche Auseinandersetzungen wegen Nichtigkeiten stattgefunden hatten, hat der Vater ihrem Wunsch, woanders zu wohnen, zugestimmt. Der Vater: »Schon nach drei Wochen war sie wie umgewandelt. Wir führen jetzt wieder intensive Gespräche, und zwar in einer sehr gelassenen, freundschaftlichen Atmosphäre. Das getrennte Wohnen hat sich für uns alle als äußerst bekömmlich erwiesen. Offensichtlich braucht Iris die Distanz – aus welchen Gründen auch immer.«

Aus welchen Gründen auch immer: Man muß nicht immer nach Fehlern suchen und sich in Ursachenforschung zerfleischen. Warum wollen Eltern, die mit ihrem sechzehnjährigen Sohn nicht mehr zurechtkommen, den Tatbestand nicht einfach zur Kenntnis nehmen und ihm einen zeitlich befristeten Familienaustausch vorschlagen – als vielleicht fruchtbare Voraussetzung für einen entkrampften Neubeginn?

Wie ich Architekten oft frage, ob sie in den Gebilden, die sie *für das Volk* entworfen haben, selbst gerne wohnen würden, habe ich meinen Mann gefragt, ob er für unsere eigenen Kinder einen örtlichen Austausch befürworten würde. Ja. Er sieht wie ich keine Nachteile, aber mögliche Vorteile. Und wir könnten ihnen das Leben in einer anderen – auch in einer schwierigen und total zerrütteten – Familie sicher schmackhaft machen, vorausgesetzt, daß der *Urlaub* von vornherein zeitlich begrenzt wäre. Für ein halbes Jahr würden sich die Kinder sicher nicht verpflichten mögen. Aber warum nicht für zwei Monate oder vier Wochen?

Es kann für Dreizehn- oder Sechzehnjährige nur bekömmlich sein, zu erfahren, daß auch in anderen Familien nicht alles Gold ist, was glänzt, und daß auch andere Eltern oft schlecht gelaunt sind; und für viele Eltern kann die Erkenntnis nützlich sein, daß auch andere Kinder bei den Schulaufgaben bummeln und schludern. Während dieser zeitlich begrenzten Trennung – Besuche bei den nahe wohnenden Eltern sollten immer möglich sein – könnte manche Wunde heilen und mancher Teufelskreis durchbrochen werden. Die äußere Distanz könnte eine distanziertere Verarbeitung der Probleme ermöglichen. Brigitte könnte beispielsweise erkennen, daß ihre Mutter ihre »Fehler« nicht aus Bösartigkeit gemacht hat. Und ihre Mutter hätte, befreit von der Provokation durch eine betont aufsässige und abweisende Tochter, eine echte Chance der Selbstbesinnung.

Der Familienaustausch ließe sich unbürokratisch von einer Hausfrau oder einem Hausmann mit Telefon kostengünstig organisieren. Interessierte müßten sich vorher keiner oft ärgerlichen und nicht immer qualifizierten Kontrolle unterziehen. Wenn der Austausch unter *Kontakt* und nicht unter *Behandlung* läuft, entfällt auch das Problem des *Geredes der anderen Leute*.

Brigittes Mutter etwa könnte Neugierigen das Fehlen ihrer Tochter und die Anwesenheit eines anderen Kindes schlicht und glaubwürdig so erklären: »Wenn Brigitte in zwei Jahren eine Banklehre beginnt, muß sie vielleicht in einer anderen Stadt wohnen. Wir halten einen abrupten Übergang in das Leben auf eigenen Füßen für bedenklich und finden es besser, die Selbständigkeit jetzt schon Schritt für Schritt einzuüben. Außerdem hoffen wir, daß sie im Berufsleben leichter zurechtkommen wird, wenn sie schon jetzt einmal in einer Austauschfamilie lernt, sich in eine ungewohnte Gemeinschaft zu integrieren.«

VII. Indoktrinierte Eltern

»Was machen die deutschen Mütter eigentlich den ganzen Tag über?« Meine indische Freundin Atasi (40) hat kein Verständnis für den Streß, über den Mütter während ihres Aufenthalts bei uns geklagt haben. Immer wieder hat sie die Frauen auf unsere Supermärkte, ›in denen man alles fertig kaufen kann‹, hingewiesen: »Irgend etwas stimmt bei ihnen nicht. Sie haben eine voll mechanisierte Küche. Sie haben nur ein einziges Kind. Sie haben praktisch nichts zu tun. Und sie klagen über Erschöpfung.« Atasi (sechs Kinder) hat bis vor einigen Jahren das Wasser noch aus dem Brunnen schöpfen müssen. Sie hat erst vor kurzem einen Gasherd bekommen. Einen Kühlschrank hat sie noch immer nicht. Allein für die Zubereitung des Mittagessens braucht sie drei Stunden. Jeden Nachmittag arbeitet sie auf dem Feld oder im Gemüsegarten. Abends unterrichtet sie Englisch.

»Du kannst mir erzählen, was du willst«, meint sie kopfschüttelnd zu mir, »es ist und bleibt ein absurder Zustand, daß Leute, die oft nur ein Kind und so ein schönes bequemes Leben haben wie deine Freundinnen, rumjammern und sagen, daß sie kaputt sind.«

»Wenn Karin so weiter macht, ist sie bald kaputt«, sorgt sich die Oma. Sie hat ihrer Enkelin empfohlen, eine Halbtagsstelle anzunehmen, »damit sie mal wieder zur Vernunft kommt und aufhört, den Kleinen mit ihrer Erziehung zu traktieren.« Karin sagt: »Wenn man ein Kind hat, muß man auch Opfer bringen und sich einsetzen.« Aber für ihre Oma zählt nicht der Aufwand, den man betreibt, sondern das Ergebnis, das man erzielt. Und Karins fast Fünfjähriger ist ihrer Meinung nach gar nicht gut entwickelt: »Er ist untüchtig und nervös. Er ist aggressiv und hat ein unglückliches Gesicht. Das kann doch wohl nicht der Sinn der Einsatzfreude sein!«

Ein Leser meines Buches *Kinderfreundliche Erziehung in der Stadtwohnung* (1973) schrieb mir kritisch: »Mir ist aufgefallen, daß Sie sich mit Ihren Methoden hauptsächlich nur Arbeit ersparen wollen. Eine solche Einstellung kann ich nicht gutheißen.«

Der aufmerksame Vater zweier Kinder hat zwischen den Zeilen gelesen und mich *durchschaut*. Tatsächlich bin ich immer bestrebt gewesen, mit möglichst wenig Arbeit und Ärger über die Runden zu kommen.

Warum kann mein kritischer Leser nicht gutheißen, daß man *es sich bequem machen* will, wie er sich ausdrückt?

Er kritisiert nur meine *Einstellung*, die Vorschläge selbst findet er gut. Mit seinem dritten Kind will er weitgehend nach ihnen verfahren. Wir erziehen also ähnlich, aber es gibt einen ›gravierenden Unterschied‹ zwischen uns, den er hervorgehoben wissen möchte: Bei ihm ist die Arbeitsersparnis ein (ärgerliches?) Nebenprodukt, während ich aufgrund meiner falschen (egoistischen?) Einstellung ›ganz eindeutig darauf aus‹ bin, es mir leicht zu machen.

Dieser Hausmann-Vater hat den Rollentausch nicht nur äußerlich vollzogen. Er ist eine *wahre* Mutter geworden.

Atasi sagt, Karin habe ›praktisch nichts zu tun‹. Ihre Oma sagt, Karin mache sich kaputt. Beide haben recht. An die Stelle der ›echten‹ Arbeit ist die Nervenarbeit getreten. Karins Oma hat mit *fünf* Kindern täglich neun Stunden in ihrem Lebensmittelgeschäft gearbeitet. Sie war abends redlich müde. Karin geht mit *einem* Kind keiner Erwerbstätigkeit nach. Sie ist abends ›fix und fertig.‹

Was tut Karin den ganzen Tag über? Sie opfert sich auf. Für Ziele. Vor allem für das Ziel *Mein Kind ist leise und bewegt sich nur vorsichtig* und für das Ziel *Mein Kind wird ein guter Schüler*.

Entspricht die Erziehung, für die Karin sich aufreibt, ihrer Interessenlage?

Im Mittelpunkt der Erziehung früherer Generationen (ohne allgemeine staatliche Altersversorgung) stand die strikte Unterordnung gegenüber den Eltern (Du sollst Vater und Mutter ehren, auf daß es dir wohl ...) und der bedingungslose Respekt vor dem Alter. Dieser Stil wird noch heute in Indien und anderen Entwicklungsländern, in denen das soziale Netz sehr grobmaschig ist, praktiziert. In der Hochhaussiedlung, in der ich in Indien wohnte, war man gegenüber dem Spiel und dem Lärm bewegungsfreudiger Kinder in einer für Deutsche unvorstellbaren Weise tolerant. Die Kinder durften praktisch alles. Aber eines durften sie nicht: zu alten Leuten frech sein. Wenn ein Opa über den Platz humpelte, wurde das Federballspiel unterbrochen, damit er den kürzesten Weg nehmen konnte. Alle verneigten sich bei seiner Begrüßung. Wehe dem Kind, das sich geweigert hätte, ›schnell mal‹ für ihn zu der drei Kilometer entfernten Bude zu laufen! Es wäre von seinen Eltern schlimm zusammengestaucht, wahrscheinlich kräftig verprügelt worden.

Diese Erziehung ist insofern »richtig«, als sie der Interessenlage der Eltern entspricht. Den Kindern soll der Respekt vor dem Alter so gründlich und so nachhaltig eingeimpft werden, daß sie später, wenn sie die Ernährer sind, die von ihnen ökonomisch abhängigen alten Eltern ganz selbstverständlich versorgen und Leute, die nicht so handeln wie sie, sozial ächten.

Der Familienalltag in den einzelnen Wohnungen der Siedlungen sah sehr unterschiedlich aus. Wie überall in der Welt war das erzieherische Verhalten der Eltern von zahlreichen individuellen Faktoren abhängig. Aber der *Respekt vor dem Alter* war ein Erziehungsergebnis, das alle anstrebten. Dieses Ideal resultierte nicht aus individuellen Charaktereigenschaften und persönlichen Neigungen, sondern aus den sozio-ökonomischen Bedingungen.

Welcher Erziehungsstil ist *richtig* für Eltern, die in ihrem Alter von den Kindern nicht materiell, sondern *nur* emotional versorgt werden wollen? Was ist ungeachtet aller individuellen Unterschiede für Eltern erstrebenswert, deren ausgesprochene oder unausgesprochene Idealvorstellung es ist, daß die erwachsenen Kinder sie im Alter nicht aus Pflichtgefühl besuchen, sondern freiwillig den Rat der geschätzten Eltern einholen und sich auf jede Begegnung mit den geliebten Alten freuen?

Meine indischen Nachbarn zogen ihre Kinder zum Teil unter großen finanziellen Schwierigkeiten auf. Viele hungerten heimlich, um das Schulgeld bezahlen zu können. Aber bei diesen Opfern handelte es sich nicht um Leistungen für ›die Gesellschaft‹, sondern um Investitionen für die *eigene* Zukunft. Man schränkte sich ein, damit man im Alter versorgt war – durch ausgebildete Kinder, die eine Stellung haben und genug verdienen, um ihre Alten ernähren zu können.

Im Gegensatz zu diesen Eltern sieht Karin von dem Geld, das sie direkt und indirekt durch ihren Verzicht auf Erwerbstätigkeit in ihren Sohn investiert, im Alter keinen Pfennig. Für ihre Sicherheit im Alter ist es absolut belanglos, ob ihr Sohn beruflich ›etwas wird‹ oder nicht; denn sie wird nicht von ihm persönlich, sondern aus dem allgemeinen Topf versorgt, in den er wie alle Erwerbstätigen einzahlen muß.

Entspricht es ihrer Interessenlage, das Kind durch aufgezwungene vorschulische Fördermaßnahmen und später durch

›Schulaufgabenhilfe‹ nervös, frustriert und aggressiv zu machen?

Mein indischer Nachbar rackerte sich ab, damit er es im Alter gut hat. Macht Karin sich heute kaputt, um es morgen *schlecht* zu haben?

Jedermann weiß, daß die Realität der Alten von Karins, meiner und wohl fast aller Eltern Idealvorstellung weit entfernt ist. Nicht zu Unrecht lachen meine kinderlosen Freunde über das Eltern-Argument ›Einsamkeit im Alter‹. Das einsame Alter ist nicht typisch für Kinderlose, sondern typisch für Eltern. Durch kein Kind zu Hause angebunden und aufgrund fehlender Kinder kontaktbedürftig, bauen sich die meisten bewußt Kinderlosen einen großen Bekanntenkreis auf, der im Alter weiter besteht. Einsam sind die Eltern, die vornehmlich in der Familie gelebt haben und isoliert übrig bleiben, wenn die erwachsenen Kinder nichts mehr von ihnen wissen wollen.

In meinem weiten Bekanntenkreis gibt es nur drei Mütter und Väter (ein Paar, eine Alleinstehende), deren Beziehung zu den erwachsenen Kindern ich glücklich und durch und durch entspannt nennen würde. Die anderen werden, wenn überhaupt, von ihren dreißig oder vierzigjährigen Kindern nur aus ›Anstand‹ besucht. Die Gespräche, die während dieser Pflichtübungen stattfinden, plätschern an der Oberfläche dahin; denn unter der Oberfläche lauern aufgestaute Aggressionen, unverdaute Versagensängste, Bitterkeiten und mühsam verheimlichte Enttäuschungen, die sich in Anklagen und ›Abrechnungen‹ entladen würden, wenn man sie nicht eisern unter Verschluß hielte.

Diese Form von Pflichtbeziehung hält Karin nicht für erstrebenswert. Aber legt sie nicht jetzt schon den Grundstein für Kontakte, die auf Anstandsbesuchen basieren?

Kinder, die ihre Alten meiden oder nur aus Pflicht besuchen, können keine glückliche Kindheit gehabt haben. Mit Leuten, die man liebt und schätzt, ist man gern und oft zusammen.

Karin kommt ihrer Pflicht, die Eltern zu besuchen, regelmäßig nach. Aber auch das nur aus Anstand und »mit einem Wust von Aggressionen im Bauch.« Aus Zuneigung und Interesse verkehrt sie nur mit ihrer Oma, von der sie sich auch »alles sagen läßt«.

Karin nennt die Erziehung, die sie selbst genossen hat, »streng und autoritär«. Sie wollte es anders machen. In der letzten Zeit wird ihr immer mehr bewußt, daß ihr Sohn nicht minder schikaniert wird als sie früher. An die Stelle der körperlichen und seelischen Mißhandlungen durch Stockschläge ist die körperliche und seelische Mißhandlung durch das Spiel- und Bewegungsverbot getreten. Und die meisten Repressionen, denen sie ausgesetzt war, muß man als milde einstufen im Vergleich zu dem Psychoterror, dem ihr Junge wegen der ihm auferlegten Pflicht, in der Schule zu glänzen, ausgesetzt war, ist und wahrscheinlich sein wird. »Frei« ist er nur in einer Beziehung: Er darf sich gegenüber seinen Eltern eine freche Schnauze erlauben.

Das durfte Karin früher nicht. Der ›Respekt vor den Eltern‹ wurde in ihrem Elternhaus noch hochgehalten. Wahrscheinlich ist es dieser verinnerlichte Respekt, der Karin dazu veranlaßt, ihre Pflichtbesuche durchzuführen.

Karin muß als Erzieherin jetzt schon eine Menge einstecken. Wie oft hat Jörg ihr schon das gesunde Müsli ins Gesicht gespuckt. Wenn sie ihn zum Üben zwingen will, tritt er mit Füßen nach ihr. Und wenn sie ihn daran erinnert, daß er in der Wohnung nicht hopsen darf, beschimpft er sie als »gemeine Ziege, die immer was zu meckern hat«. Jörgs Benehmen als Jugendlicher kann ich mir gut ausmalen.

Ob Karin, wenn sie so weiter macht, im Alter überhaupt mit *Pflicht*besuchen rechnen darf? Karin setzt alle möglichen Maximen und Anforderungen, die von außen kommen, durch, aber ihren natürlichen Anspruch auf Respekt opfert sie auf.

1. »Wer ein Kind in die Welt setzt, muß auch bereit sein, Opfer zu bringen!«

Doris stand mitten im Examen, als ihre Tochter geboren wurde. Deswegen hatte sie mit ihrem Mann vereinbart, daß er das Baby in den ersten zwei Monaten versorgte. Er nahm seinen Jahresurlaub und feierte anschließend noch einige Wochen krank. In dieser Zeit absolvierte Doris ihre Prüfungen.

Meines Erachtens haben die beiden jungen Eltern eine praktische und situationsgerechte Lösung gefunden. Aber Doris ist wegen dieser Regelung in schärfster Form angegriffen worden: ›Aus eigennützigen Motiven verweigerst du deinem Kind die Brust!‹

Im Gegensatz zu Annegret (Kap. III) hat Doris sich aber nicht verunsichern lassen. Im Gegenteil: Der Fanatismus derer, die sie als böse Egoistin brandmarken wollten, hat einen befreienden Denkprozeß ausgelöst.

Doris hat ihre Angreifer davon überzeugen können, daß ihr Baby nichts entbehrt: Es erhält Hautkontakt und Körperwärme, weil der Vater es, wenn er ihm die Flasche gibt, ganz liebevoll im Arm wiegt. Der Aufbau einer innigen Vater-Kind-Beziehung ist für seine gesunde emotionale Entwicklung mindestens ebenso wichtig wie die Festigung der Mutter-Kind-Einheit.

Dennoch haben die, die sie kritisierten, den Vorwurf *Eigennutz* aufrecht erhalten: »Das ist alles richtig. Aber wenn sich eine Frau zu einem Kind entschließt, muß sie auch bereit sein, ihr Diplom zu opfern.«

Doris hat begriffen, daß es ihren Angreifern nicht um das Wohl des Kindes, sondern um das Opfer der Mutter ging, »um das Opfer als solches«.

Doris ist die einzige Mutter in meinem Bekanntenkreis, die ihr Kleinkind in gebrauchte Jäckchen und Strampelhosen steckt. Es merkt davon nichts, es entbehrt nichts, aber Doris wurde schon mehrfach von Bekannten gefragt, ob sie das denn wirklich nötig hätte.

»Haben Sie das denn nötig?« wollte auch Hannas Mutter wissen, als sie bei uns zufällig einer Spendenablagerung beiwohnte. Da unsere Kinder als Halbinder immer eine Nummer kleiner waren als ihre Mitschüler und Freunde, konnten sie auftragen. An Angeboten hat es uns nie gemangelt. Die Sachen, die von Eltern gut versorgter Einzelkinder bei uns abgegeben werden, sind stets von hervorragender Qualität.

Gerds Mutter war ›richtig glücklich‹, als sie erfuhr, daß sie uns die guten Stücke ihres Sohnes geben *darf*. Vorher hatte sie die bestens erhaltene Kleidung ihrer Schwägerin angedient. Die war empört: »Meinst du etwa, wir geben unserem Kind Gebrauchtes?!«

Da es vielen Leuten weh tut, die kaum abgenutzten Hosen und Pullover ihrer schnell wachsenden Kinder einfach wegzuwerfen, machen wir anderen Freude, wenn wir zu einem solchen Geschenk nicht nein sagen.

Ich habe Hannas Mutter angeboten, für ihre Vierjährige einen Spenderkreis aufzureißen. Aber sie ist nicht interessiert. Sie will sich nicht nachsagen lassen, sie würde an ihrem Kind sparen.

Ebenso erfolglos war ich bei Karin mit meinen Bemühungen. Auch sie käme sich schändlich vor, wenn sie am Kind sparte.

Eltern, die es nicht nötig haben, ihre Liebe und Opferbereitschaft durch unnötige Geldausgaben unter Beweis zu stellen, empfehle ich, sich an Doris ein Beispiel zu nehmen. Nachdem Doris anläßlich der Diskussionen über ihre Weigerung, für das Kind ihr Diplom zu opfern, ›ein Licht aufgegangen war‹, hat sie, durch unsere kostensparende Praxis angeregt, alle ihre in Frage kommenden Bekannten angerufen und ihnen mitgeteilt, daß sie gut erhaltene Babysachen bei ihr abliefern dürfen.

Unaufgefordert bringen einem die Leute nichts; denn sie sind aufgrund der Abfuhren, die sie oft erleben, total eingeschüchtert. Man muß sie ansprechen, aber Dankbarkeit braucht man nicht zu bekunden. Dankbar sind die Spender. Während wir nur etwa dreißig Prozent der uns frei Haus gelieferten Waren nutzen können, haben unsere zahlreichen Spender nur uns als Empfänger. Das zur Marktlage – als Tip für ›lieblose‹ und ›opferunwillige‹ Eltern.

Ich glaube nicht, daß die Kaufwut junger Eltern allein auf das Konto des allgemeinen Konsumterrors geht oder nur eine Variante des Wettlaufs um Statussymbole ist. Karin zum Beispiel lebt bescheiden und braucht weder ein Prestigeauto noch teure Kleider aus der Boutique. Aber für ihr Kind ist ihr das Teuerste gerade gut genug. In diesem Monat muß sie den Besuch beim Friseur ausfallen lassen, weil sie sich für das schönste und beste aller Kettcars entschieden hat. Niemand soll ihr nachsagen können, daß sie ›am Kind spart‹.

Karins Mann ist kein Großverdiener. Das Geld, das sie für Luxusspielzeugautos und ›intelligenzfördernden Schnickschnack vergeudet‹ (die Oma), fehlt für andere – durchaus dringende – Anschaffungen. Ihre Oma glaubt erkannt zu haben, daß es bei den teuren Lernspielen nicht nur um die intellektuelle Förderung des Kindes geht, sondern auch um das Geldausgeben als solches: »Sie braucht das. Wenn sie sich am Monatsende bei mir 50 Mark leiht, sagt sie ›Jaja, Kinder kosten heutzutage was!‹ und strahlt dabei. Irgendwie aalt sie sich in dem Gefühl, daß sie mit ihrem Haushaltsgeld nicht auskommt, weil ihr für ihr Kind kein Opfer zu groß ist.«

An dem materiellen Opfer schätzt Karin, daß es sichtbar ist und nicht bestritten werden kann. Da es anderen Eltern aber ähnlich geht, steigen die Ausgaben, die notwendig sind, um im Wettkampf der Opferbereiten bestehen zu können, stetig.

Jörg, der bereits ein tolles Dreirad und einen Superroller hat, hätte es vielleicht einmal ganz gut getan, sich im Verzichten zu üben. Aber um ihn ging es nur vordergründig, als die Oma angepumpt und der Friseur gestrichen wurde für den Erwerb eines Kettcars. Karin möchte eine ›gute‹ Mutter sein. Sie weiß: »Eine Frau, die sich für ein Kind entscheidet, ist auch bereit, Opfer zu bringen.«

Doris hat sich kürzlich einen viertägigen Aufenthalt in Paris gegönnt. Da sie die Opferideologie irritiert, macht sie sich ein Vergnügen daraus, Opferwütige mit der Erklärung zu irritieren, sie habe die Reise ›von dem, was ich am Kind gespart habe‹, finanziert.

Doris hat ihre gut einjährige Tochter bereits in einer Kindertagesstätte angemeldet. Wenn sie auch aktiv und konstruktiv bemüht ist, die Spielbedingungen der Kinder ihres Mietshauses zu verbessern, erkennt sie doch nüchtern, daß ihre Tochter schon allein wegen der nahen Verkehrsstraße im Wohnungsumfeld nie so frei wird spielen können wie in einem mittelmäßigen Kindergarten. Sie weiß, welche Attacken sie erwarten, wenn ihre Dreijährige statt in einen Halbtagskindergarten in eine Tagesstätte kommt und die Mutter gleichzeitig ihre erste berufliche Stelle antritt: »Die Ideologen werden mir Karrieresucht und/oder Geldgier vorwerfen. Ich werde das an mir abtropfen lassen; denn ich weiß ja, was dahinter steckt.«

Da Karin mit der Kinderfeindlichkeit ihrer Mitbewohner nicht fertig wird und aufgrund der vielen Beschwerden über ihr ›schlecht erzogenes‹ Kind in regelmäßigen Abständen »kurz vor einem Nervenzusammenbruch« steht, habe ich ihr immer wieder die Kindertagesstätte empfohlen. Ich teile die Meinung der Oma, daß für Karin eine Rückkehr in ihren Beruf (Sekretärin) bekömmlich wäre. Aber die Kindertagesstätte habe ich ihr unabhängig von einer eventuellen Erwerbstätigkeit vorgeschlagen. Wegen ihrer miserablen Wohnsituation. Zum Wohle des *Kindes*.

Karin glaubt selbst, daß ihr Junge auf dem großen Freigelände der nahen Tagesstätte nicht so nervös geworden wäre wie in ihrer hellhörigen kleinen Wohnung und auf dem »Sandspielplatz« genannten Hundeklo im Zugwind hinter dem Haus. Aber sie hat die Kindertagesstätte als Ausweg nie ernsthaft ins Auge gefaßt: »Wie sähe das denn aus? Alle würden denken, daß ich den Jungen nachmittags bloß los sein will, damit ich mich auf der Couch ausstrecken oder zu einem Kaffeeklatsch gehen kann.«

Nein. Das will Karin sich nicht nachsagen lassen, daß sie zu bequem ist, um für ihr Kind Opfer zu bringen.

Karin ist nach Doris' Definition ›das perfekte Opfer der Opferideologie‹, weil sie ihre Opferpflicht auch dann erfüllt, wenn es
zum *Schaden* des Kindes ist.

Karin lebt in ständiger Sorge, für ihr Kind nicht genug zu tun.
Während ihre Oma nur am Ergebnis interessiert war und lediglich vorhatte, ihre fünf Kinder halbwegs ordentlich großzukriegen und dazu zu befähigen, auf eigenen Füßen zu stehen,
scheint Karin für irgendeine Instanz zu arbeiten, der gegenüber
sie nachweisen muß, daß sie sich ausreichend eingesetzt und
genügend Opfer gebracht hat.

»Ich möchte nicht, daß mein Kind gegenüber anderen Kindern
benachteiligt ist«, sagt Karin und schaut befriedigt zu, wie ihr
Jörg seine ersten Runden auf dem Kettcar dreht, das eine deutliche Nummer besser ist als das der Nachbarskinder. Sie hat ein
gutes Gefühl.

Aber dieses schöne Gefühl, für ihr Kind etwas getan zu haben,
wird sich schon bald in sein Gegenteil verkehren. Denn am
Abend, wenn Karin ihre Oma zum Bahnhof bringt, wird sie auf
Plakate stoßen, die ein unglückliches, vorwurfsvolles Kinder-
gesicht zeigen. Und dieses Kind fordert: *Schenk mir Zeit statt
Bonbons! Schenk mir Liebe statt Geld!*

Betroffen und getroffen wird Karin zusammenzucken: Gebe
ich so viel Geld aus, weil ich mein Kind nicht liebe? Bin ich
schuldig, weil mir die innere Bereitschaft fehlt, für mein Kind
Zeit zu opfern?

›Liebe statt Geld‹ – solche Appelle gehen an die Substanz.
Stand nicht kürzlich in der Zeitung, daß Wissenschaftler
herausgefunden hätten, warum Eltern für ihre Kinder so viel
kaufen? Hatten sie nicht herausgefunden, daß Eltern sich *freikaufen* wollen, freikaufen von einer *Schuld*? Das vorwurfsvolle
Kindergesicht auf den Plakaten bohrt sich in Karins Herz. Sie
fühlt sich angeklagt, und sie fühlt sich schuldig.

Karin fühlt sich schuldig, seitdem sie Mutter ist. Denn sie steht
permanent auf der Anklagebank. Heute wird sie angeklagt,
weil sie für ihr Kind zu viel Geld ausgibt. Gestern war sie angeklagt, weil sie am Kind spart. Als Karin für ihr Kind nicht die
wissenschaftlich geprüften, pädagogisch wertvollen, glücklich
machenden und die Begabung fördernden Elemente, sondern
eine Anbauschrankwand im Sonderangebot kaufte, fühlte sie
sich nicht minder schuldig als heute. Denn Wissenschaftler hatten herausgefunden, daß Eltern für die Ausstattung ihres
Schlafzimmers erheblich mehr Geld ausgeben als für die Aus-

stattung des Kinderzimmers, weil sie eigennützig und verantwortungslos die Befriedigung ihrer eigenen Bedürfnisse über das Kindeswohl stellen. Damals war sie als lieblos angeklagt, weil sie der Forderung *Kauf deinem Kind das Beste!* nicht gerecht werden konnte. Heute hat sie für ihr Kind das beste und teuerste Kettcar gekauft – und sich dadurch als lieblos verdächtig gemacht.

Doris zu Karin: »Steigen Sie aus aus dem großen Opferturnier. Als Teilnehmerin am Elternwettlauf kommen Sie nie auf einen grünen Zweig!«

Ich empfinde Appelle wie *Schenk mir Liebe statt Geld!* als ungeheuer bösartig und anmaßend. Sie suggerieren Eltern und besonders Müttern eine Schuld, die sie nicht abweisen können. Da *Liebe* nicht meßbar und nachweisbar ist, kann sich keine Mutter beruhigt sagen, daß sie ihrem Kind *genug* Liebe gegeben hat.

Wir haben unsere Kinder immer ziemlich knapp gehalten. Aber diese Entscheidung war kein Ausdruck von *Liebe*. Sie war auch kein Ausdruck von *Lieblosigkeit*. Sie war das Ergebnis von Überlegungen wie: Ist es sinnvoll, das wilde Konsumieren zu fördern?

Karin schenkt ihrem Kind keine *Bonbons*, weil sie ihm keine *Zeit* schenken mag. Sie schenkt ihm kein *Geld*, weil sie ihm keine *Liebe* geben mag. Karin rackert sich in allen drei Disziplinen gleichzeitig ab. Während sie einigermaßen genau beurteilen kann, ob sie in der Disziplin *Geld* die erforderliche Punktzahl erreicht hat oder nicht, tappt sie als Mitläuferin in den Disziplinen *Zeit* und *Liebe* völlig im dunkeln. Denn die Wettbewerbsbedingungen sind erstens unklar und zweitens wechselhaft. Festen Willens, ihr Bestes zu geben, rackert sie sich als Erzieherin unermüdlich ab. Aber wenn sie sich abends ›fix und fertig‹ in den Sessel fallen läßt, weiß sie nicht, ob sie genug Punkte erzielt hat, um das Prädikat *gute Mutter* zu verdienen.

Doris zu Karin: »Steigen Sie aus aus dem großen Opferturnier. Denn das Ziel der Veranstalter ist die Schuldigsprechung der Eltern. Sie sollen über Schuldgefühle klein gehalten werden, damit sie sich nicht aufrichten, um Forderungen zu stellen!«

Was wird mit dem Appell *Liebe statt Geld* bezweckt? Sollen Eltern dazu angehalten werden, für ihre Kinder weniger Geld auszugeben? Wer diese Absicht verfolgt, könnte das Plakatkind sagen lassen: *Mir genügt der Roller, ich brauch kein Kettcar. Gönn dir selbst mehr, liebste Mami!*

Will der Auftraggeber die Eltern dazu motivieren, ihren Kinder mehr *Liebe* zu geben? Warum dann *statt* Geld? Was berechtigt und befähigt den Auftraggeber solcher Plakate dazu, den Eltern zu unterstellen, sie seien nicht bestrebt, ihrem Kind *Liebe* zu geben? Woher nimmt er die Anmaßung, die materiellen Geschenke, die Eltern ihren Kindern (auf die Befriedigung eigener Kaufwünsche *verzichtend*) machen, als wertlos abzuqualifizieren?

Auch der Kauf eines Luxusspielzeugautos kann ein Ausdruck von *Liebe* sein.

Es ist nicht *Karins* Schuld, daß ihr Sohn außer Rollschuhen, außer einem Dreirad und einem Superroller noch ein Kettcar braucht. Er braucht so viele Fahrgeräte, weil der Bürgersteig seine einzige Spielfläche ist.

Nicht aus Bösartigkeit verbietet Karin ihrem Sohn, sich in der Wohnung lebhaft zu bewegen. Diese Repression wird ihr vielmehr von anderen abverlangt.

Nicht weil sie eine Sadistin ist, schikaniert Karin ihren Sohn mit der Eßerziehung. Sie tut das vielmehr, weil *Wissenschaftler* ihr den Auftrag gegeben haben, ihrem Kind beizubringen, morgens viel und abends wenig zu essen. Sie quält ihr Kind und erduldet, daß sie angespuckt wird, weil die Elternrichter sie andernfalls spätestens dann schuldig sprechen werden, wenn Jörg in die Schule kommt und zu den *Vernachlässigten* gehört, die morgens kein Frühstück erhalten.

Nicht aus Lieblosigkeit traktiert sie ihren Sohn mit Übungen. Sie macht ihn nervös und sich selbst kaputt, weil sie in der Disziplin *Förderung des Kindes* mitläuft, und weil nach den geltenden Wettbewerbsbedingungen die Benotung der Eltern in Analogie zu den Schulnoten ihrer Kinder erfolgt.

Doris zu Karin: »Solange Sie mit hechelnder Zunge in den diversen Elterndisziplinen des großen Opferturnieres mitlaufen, finden Sie nicht die Kraft und die Muße zu einer Selbstbesinnung. Steigen Sie aus, um zu begreifen, daß das Wohl Ihres Kindes und Ihr eigenes Wohl identisch sind.«

Warum sind ganze Heerscharen von Wissenschaftlern damit beschäftigt, herauszufinden, was Eltern noch alles tun können für die *optimale Entwicklung des Kindes*? Warum werden so viele Steuergelder dafür ausgegeben, daß Forscher, die ihre eigenen Kinder der Gattin überlassen, ermitteln können, ob und wie Mütter in den Disziplinen Geld, Zeit, Förderung und Liebe versagen? Warum wird Karin permanent angespornt, kritisiert, schuldig gesprochen und erneut angetrieben? Befürchtet man, daß sie sich auf ihre ureigensten Interessen besinnen und ein Leben mit Kindern ohne Aggression und Gegenaggression anstreben könnte? Besteht die Gefahr, daß Karin sich aufrichtet und sagt: »Ich möchte heute zu meinem Kind gut sein und von ihm geliebt werden. Und ich möchte morgen nicht aus Anstand, sondern aus Zuneigung und Interesse besucht werden. Ich habe mich kaputt gerackert, aber mein Kind ist nervös und hat ein unglückliches Gesicht. Wir brauchen andere *Bedingungen*. Deswegen fordere ich ...«

Diese Gefahr besteht. Sie kam mit der Einführung der allgemeinen (staatlichen) Altersversorgung auf. Immer deutlicher wird den jungen Leuten bewußt, daß sie für ihre existentielle Sicherung keine eigenen Kinder brauchen. Die ökonomisch Konsequenten bleiben bewußt kinderlos, und diejenigen, die mit durchschnittlich 1,3 Kindern Beitragszahler für die allgemeine Rentenversorgung aufziehen, beginnen sich zu fragen, warum sie das eigentlich unentgeltlich tun. Unentgeltlich und gemaßregelt.

Die ›Opferbereitschaft‹ meiner früheren indischen Nachbarn braucht nicht ›wissenschaftlich‹ begleitet zu werden; denn sie hat solide Wurzeln. Ihr Fundament ist der natürliche, egoistische Wunsch, die eigene Existenz zu sichern.

Da die elementare Notwendigkeit, sich für Kinder aufzuopfern, entfallen ist, brauchen wir heute eine Opferideologie. Die Aufopferung muß verherrlicht werden.

Niemals würde Atasi irgendeinem *Experten* gestatten, ihr Anweisungen zu geben. Sie würde sich Ratschläge anhören, aber niemals dürfte jemand sich anmaßen, darüber zu befinden, ob sie ihrem Kind genug Geld und genug Zeit oder zu viel Geld und zu wenig Liebe oder Liebe statt Förderung oder zu viele Bonbons und zu wenig Vitamine gegeben hat; denn nicht er, sondern sie wird die Konsequenzen ihrer Erziehung ausbaden müssen. Außerdem wäre eine Beurteilung ihrer erzieherischen Leistung schon allein deswegen nicht möglich, weil sich ihr Wert erst in zehn oder zwanzig Jahren zeigen wird. Daß ihr Nachbar alles falsch gemacht hat, ist erwiesen. Halb gelähmt liegt er auf der Matte unter dem Vordach seiner Hütte, und keiner seiner drei Söhne, von denen zwei im Nachbardorf wohnen, kümmert sich. Auf Atasis Barmherzigkeit angewiesen, zahlt er jetzt für seine Erziehungsfehler mit einem jämmerlich einsamen Alter.

Während die indische Regierung für die kleine Familie mit *maximal* zwei Kindern Reklame macht, werben die Repräsentanten unserer Gesellschaft für das Ideal der Familie mit *mindestens* zwei Kindern; denn es geht darum, das Bruttosozialprodukt zu erhöhen und zumindest ein Nullwachstum sicherzustellen.

Karin schämt sich ihres *Egoismus*, weil sie es am liebsten bei einem Kind bewenden lassen möchte; denn von ihren Ratgebern hört sie, daß es für Kinder schädlich sei, als Einzelkinder aufzuwachsen: Wer sein Kind liebt, schenkt ihm ein Geschwisterchen.

»Bin ich bei Ihnen als Mutter angestellt?« würde Atasi den Experten spöttisch fragen, wenn er sich anschickte, ihre Erziehung zu bewerten. Karin wird permanent beraten und begutachtet, weil das Kind, das sie aufzieht, ein gesellschaftlich notwendiges Produkt ist. Während Atasi ihr eigenes Wohl im Auge hat, wenn sie erzieherische Entscheidungen trifft, orientieren sich Karins Berater nicht am Wohl der Mutter, sondern am Nutzen für die Gesellschaft.

Atasi hat ihren Kindern auch deshalb Liebe geschenkt, weil sie sich nicht darauf verlassen mochte, daß sie sie im Alter allein aus Angst vor der sozialen Ächtung versorgen werden. Karin soll ihrem Kind *Liebe statt Geld* schenken, weil Wissenschaftler herausgefunden haben, daß Schulkinder, die zu Hause viel Zuwendung erhalten, bessere Leistungen erbringen, und daß untüchtige Berufsversager als Kind häufig materiell verwöhnt worden sind. Für Karins existentielle Sicherung ist es völlig belanglos, ob ihr Junge gute Noten oder schlechte kriegt, ob er Karriere macht oder Hilfsarbeiter wird, aber für die Allgemeinheit als Nutznießer ihrer erzieherischen Arbeit ist es ein Gewinn, wenn er leistungsmäßig alles aus sich herausholt und als Arbeitnehmer reibungslos funktioniert.

Sollten demnächst andere Wissenschaftler herausfinden, daß die wissenschaftlichen Erkenntnisse, die in das Plakat *Schenk mir Liebe statt Geld!* eingeflossen sind, *falsch* waren, wird Karin auf Plakate stoßen, die davor warnen, mit dem Kind zu viel herumzuzärteln und *Mehr Mut zur Erziehung* fordern: *Gib mir Richtlinien statt Bonbons! – Laß mich von deinem Schoß, gib mir Härte fürs Leben!*

Karin wird sich dann wieder einmal über den schnellen Wechsel der Heilslehren wundern, aber als Teilnehmerin am Wettlauf der Eltern im Opferturnier wird sie unfähig sein, eine Forderung nur deswegen zurückzuweisen, weil sie ihr nicht liegt, weil sie ihrem persönlichen Empfinden nicht entspricht.

Im Gegensatz zu Atasi fragt sich Karin nie, ob das, was sie als Erzieherin tut, in *ihrem* Interesse ist. Sie hat die Mutterpflicht der Selbstaufopferung so gründlich verinnerlicht, daß sie derartige Überlegungen als pervers empfindet.

Als sie mich wieder einmal fragt, ob die Hochschätzung des Zieles Selbständigkeit der Grund dafür sei, daß ich Ravi nicht bei den Schulaufgaben helfe, habe ich sie mit dem Eingeständnis meines »Egoismus« total aus der Fassung gebracht: »Es stimmt, daß ich die Selbständigkeit hoch bewerte, und ich glaube auch, daß Schulaufgabenhilfe mehr schadet als nützt. Aber der eigentliche Grund dafür, daß ich nicht helfe und kontrolliere, ist der, daß ich dazu keine Lust habe. Ich bin gerne gut gelaunt, und ich lege großen Wert darauf, meine Nerven zu schonen.«

Da sie mich für sehr kinderlieb hält, will sie mir meine ›eigennützige Motivation‹ nicht abnehmen: »Du machst ja bloß Spaß. Du würdest dich schämen, aus purer Bequemlichkeit etwas zum Wohl deiner Kinder zu unterlassen!«

Als Gefangene der Opferideologie kann Karin ebensowenig wie mein kritischer Leser eine Erziehung gutheißen, die darauf abzielt, mit möglichst wenig Ärger und (Nerven-) Arbeit über die Runden zu kommen. Da sie mich aufgrund unserer Freundschaft gerne den guten Müttern zurechnen möchte, unterstellt sie mir pausenlos *edle* Absichten. Wenn ich, so gegen achtzehn Uhr, an meinem Zeichentisch an einem toten Punkt angelangt bin, sehe ich nach, ob Ravi für eine Partie Schach greifbar ist. Um mich zu entspannen, also aus *eigennützigen Motiven*, spiele ich mit meinem Sohn. Aber Karin, die vorbeikommt, weiß es besser: »Was du alles für dein Kind leistest!«

Wenn für Karin etwas absolut undenkbar ist, dann die Möglichkeit, daß etwas, was eine Mutter in ihrem eigenen Interesse tut, zum Wohle des Kindes sein könnte.

Dauernd will sie von mir als *Expertin* wissen, was ich von dieser oder jener brandneuen wissenschaftlichen Erkenntnis halte und wie ich diese oder jene von ihr zum Wohle des Kindes erbrachte Leistung bewerte. Als sie kürzlich wieder einmal meine Meinung hören wollte, habe ich sie ihr gesagt: »Du bist hoffnungslos indoktriniert. Du bist einfach nicht mehr zu retten! Wenn du doch bloß einmal aufhörtest, Rechenschaft abzulegen, Nachweise zu erbringen, Punkte zu sammeln! Kümmere dich um deine Nerven! Wenn du abends nicht mehr fix und fertig bist, hast du es richtig gemacht. Und wenn Jörg dich nicht mehr Meckerziege nennt, geht es ihm gut. Du willst meinen Applaus? Okay, ich verspreche ihn dir: Teile mir nächste Woche mit, daß du dich ganze Nachmittage lang faul auf der Couch ausgestreckt und eigennützig einen Krimi gelesen hast!«

2. Auch Eltern haben Rechte

Doris denkt nicht daran, auf den Besuch gutbürgerlicher Restaurants zu verzichten: »Wie käme ich dazu, mein Kind, das ich zum Wohle der Allgemeinheit aufziehe, vor eben dieser Allgemeinheit zu verstecken!« Für sie ist es eine *Ungeheuerlichkeit*, daß Eltern ihre Rechtlosigkeit bereits so weit verinnerlicht haben, daß sie selbst meinen, daß »jemand, der sich zu einem Kind entschließt, auch bereit sein muß, Restaurantbesuche zu opfern!«

Doris gibt Atasi recht: »Irgend etwas stimmt bei uns nicht. Wenn die Betreuung eines einzigen Kindes schon als Strapaze empfunden wird, dann ist etwas faul im System.«

Doris steht zu ihrem Kind. Deswegen hat sie in ihrem Mietshaus rundum alle Bewohner mit Kindern besucht und dafür geworben, daß normales Verhalten von Kindern als normal akzeptiert wird.

Wer Doris besucht, erkennt schon beim Öffnen der Wohnungstür, daß bei ihr ein Kind lebt: »Ich bekenne mich zu meinem Kind. Warum sollte ich die Spuren seiner Existenz beseitigen? Muß ich mich schämen, daß ich ein Kind habe?«

Doris' Tochter ist geborgen. Sie wird mit »Hautkontakten« überschüttet, weil es für Doris »fast kein größeres Vergnügen gibt, als mit ihr zu schmusen«.

Diese Freude an dem Austausch von Zärtlichkeiten ist seit einigen Wochen getrübt; denn Doris kriegt neuerdings ›Anfälle innerer Unruhe, die ich nicht in den Griff bekomme‹. Sie fühlt sich in ihrer Wohnung eingesperrt, die Decke fällt ihr auf den Kopf: ›Daß du nie einmal ein Fachgespräch führen kannst, das geht dir unheimlich auf den Geist!‹ Das liebste Baby werde zur Irritation, wenn man neben seiner Betreuung keine andere Beschäftigung habe.

Daß sie depressiv werden könnte wie die Mutter in der Wohnung über ihr, befürchtet Doris allerdings nicht: ›Denn das

Ende meines Eingesperrtseins ist in Sicht.‹ Mit ihrer Entscheidung, die Tochter statt in einen Halbtagskindergarten in eine Tagesstätte zu geben, ist sie jetzt ›doppelt zufrieden‹. Die Tochter werde nicht nur intensiver und freier spielen können, sondern auch geschützt sein vor einer Mutter, die, krankend an ihrer Isolation, anfängt, ihr Kind als Ursache ihrer Leiden innerlich zu hassen. Doris hat Karin gefragt, ob sie ihren Sohn vielleicht deswegen so betriebsam ›erziehe‹, weil sie ihn als Berufsersatz mißbrauche.

Für die Zeit vom dritten bis zum sechsten Lebensjahr ihrer Tochter hat Doris eine Lösung gefunden, die für alle Beteiligten akzeptabel ist. Aber wie soll es danach weitergehen?

Vielleicht wird ihr Mann zwei oder drei Jahre beruflich pausieren können: »Aber das ist alles ungewiß. Abhängig von der Arbeitsmarktlage und vom Wohlwollen seines Chefs.«

›Wer sich zu einem Kind entschließt, muß auch bereit sein, seinen Beruf zu opfern‹, sagt die Mutter über ihr und schluckt Valium. Eine andere Mutter in ihrem Mietshaus ist »Frühstücksalkoholikerin«. Jede sucht die Schuld für ihre Überforderung bei sich selbst. Keine kommt auf die Idee, die Veranstalter des Wettlaufes der Eltern anzuklagen und Bedingungen zu fordern, die den Elternalltag erträglicher machen.

›Auch Eltern haben Rechte!‹ sagt Doris und verlangt, daß die Gesellschaft, die nach mehr Kindern schreit, die Voraussetzungen für die Vereinbarkeit von Berufs- und Elternarbeit schafft. Ihre Forderung ist nicht gerade neu: ›Ich will nicht originell sein. Ich will, daß das, was Mütter seit Jahrzehnten verlangen, endlich *getan* wird.‹

Die einfachste und deswegen populärste Form, sich den mörderischen Bedingungen des Opferturniers zu entziehen, ist der Verzicht auf das ursprünglich geplante zweite Kind. Karin ist keine Kämpfernatur. Sie kann sich in ihrem Mietshaus nicht durchsetzen. Sie läßt sich von Mitbewohnern als Mutter, die nicht in der Lage ist, ihr Kind zur »Rücksichtnahme« zu erziehen, abqualifizieren, und sie läßt sich von ihrem Sohn, den sie aus Angst vor den Mitbewohnern drangsaliert, beschimpfen und mit Füßen treten. Am ehesten kann sie sich noch gegenüber ihrem Mann, der unbedingt noch eine Tochter möchte, behaupten. Mit großer Wahrscheinlichkeit wird sie sich für die populärste und kampflose Form des Aussteigens entscheiden und sich darin üben, Appelle wie *Wer sein Kind liebt, schenkt ihm ein Geschwisterchen!* zu überhören und zu verdrängen.

Auch Doris hat die Idee, zwei Kinder aufzuziehen, längst aufgegeben: ›Die Bedingungen sind nicht danach. Man kann objektive Fakten nicht ignorieren.‹ Aber für das Kind, das sie hat, will sie sich einsetzen. Vor allem für sein Recht auf Spiel- und Bewegungsfreiheit und für sein Recht auf zufriedene Eltern.

Lohn für Hausarbeit wäre für Doris keine Lösung. Sie persönlich hat keine Probleme mit dem Zustand der ökonomischen Abhängigkeit von ihrem Mann. Entscheidungen werden gemeinsam getroffen, ›und unser Konto verwalte ich sowieso, weil ich ja nicht genug zu tun habe und er angespannt im Beruf steht‹. Sie sieht aber bei den Müttern ihres Hauses, daß das Gefühl, selbst nichts zu verdienen, sehr bedrückend sein kann. Doris findet es gut, daß die Forderung *Lohn für Hausarbeit* erhoben wird, weil alles das, was dazu beitragen könnte, die enorme Leistung der Eltern der Allgemeinheit bewußt zu machen, begrüßenswert sei. Lohn für Hausarbeit wäre nach ihrer Meinung eine Lösung für Hausfrauen und Hausmänner, die a) Isolierung gut aushalten können und b) an ihrer beruflichen Arbeit nicht hängen.

Das ist bei ihrem Mann nicht der Fall. Für ihn wäre es kein kleines Opfer, einige Jahre zu Hause zu bleiben. Aber er wäre dazu bereit, vorausgesetzt, daß es sich bei der Pause nicht um eine ›unendliche‹ Zeit handelte.

Auch Doris hat bereits festgestellt, daß sie die Abtrennung von dem Leben der Erwerbstätigen *nicht* aushalten kann, und sie hofft, daß sie ihre zukünftige berufliche Arbeit schätzen wird. Deswegen fordert sie für sich und andere Frauen (Männer) in ihrer Situation Ganztagsschulen.

Ich kenne nur zwei deutsche Ganztagsschulen von innen. Beide sind so chaotisch und unterdrückerisch geführt, daß ich meine Kinder nicht dorthin schicken möchte. Aber auch ich hätte für meine Kinder in der Zeit, als wir noch auf Etage lebten, gern eine Ganztagsschule gehabt. Und wenn ich nicht zu der Minderheit der ›Heimarbeiter‹, sondern zu der Mehrheit der außerhäuslich Erwerbstätigen gehörte, würde ich für Ravi (11) noch heute eine Ganztagsschule wollen.

Dabei denke ich allerdings nicht an die Mammutgebilde unseres Distrikts, sondern an Formen, die für die privilegierte Oberschicht in einigen europäischen und außereuropäischen Ländern entwickelt wurden. Die Ganztagsschule für *alle* Kinder, die ich meinen Kindern gönnen möchte, wäre überschaubar und familiär gegliedert. Der Unterricht fände in humanen, kindergerechten Gebäuden statt, die nicht teuer zu sein bräuchten, sondern durchaus einen ›barackenartigen‹ Charakter haben dürften. Selbstbestimmtes Lernen und *Arbeiten* wäre wenigstens teilweise (nachmittags) möglich, weil zu der Schule Handwerksstätten, eine Gärtnerei, Tiere und ein großes Freigelände gehört, das getrost *primitiv* sein kann und keine superperfekten Fußball- oder Handballspielanlagen bieten muß.

Wenn ›Dumme‹ nicht dauernd dadurch, daß nur theoretische Leistungen gefordert und bewertet werden, zu frustrierten und aggressiven Versagern gemacht werden, wenn Kinder zwischen den Stunden des Stillsitzens wirklich wild toben können und wenn nicht mehr als fünfzehn Schüler in einer Lerngruppe sitzen, dann hat auch der mittelmäßige Lehrer keine Probleme mit der *Disziplin*. Die private Ganztagsschule, die Anand (5–6 Jahre) in Indien besuchte, bestand aus billigen eingeschossigen Steinbaracken und hatte einen riesigen Spielplatz mit einem Bach, viel Sand und einfachen Turngeräten. Seine neunzehnjährige Klassenlehrerin war nach unseren Maßstäben nicht ausgebildet. Dessenungeachtet machte sie einen Unterricht, von dem Schüler und Eltern in Duisburg oder Hamburg nur träumen können. Ohne jemals etwas über Binnendifferenzierung gelesen zu haben, unterrichtete sie jedes Kind individuell. Das konnte sie, ohne ein Genie zu sein, weil die Klasse klein war. Anand rechnete schon nach ein paar Monaten mit Prozenten, in Englisch erhielt er einzeln Babyunterricht. Aufwendiges Lehrmaterial war nicht vorhanden. Dafür war die Beziehung zwischen Lehrern und Schülern herzlich.

Es gab begabte, mittlere und schwache Schüler. Insofern kann man diese private Ganztagsschule ohne Schulzweige, die bis zum Abitur führte, als Gesamtschule bezeichnen.

Deutsche Lehrer würden mit Neid auf die Disziplin in den Klassenzimmern blicken. Es wurde zwar durcheinander geredet (was bei zwölf bis fünfzehn Schülern nicht stört), aber die Kinder waren nicht aggressiv. Ihr friedliches und höfliches Benehmen hatte zwei Hauptgründe: 1. Die Kinder konnten sich zwischen den Unterrichtsstunden nach Herzenslust austoben. Infolgedessen fiel es ihnen nicht schwer, das Stillsitzen auf der Schulbank auszuhalten. 2. Fast alle Kinder waren »erfolgreiche Schüler«. Wer in Mathe schlechtstand, war in anderen Fächern gut, zum Beispiel in Biologie. Der Biologieunterricht in Anands Klasse bestand im wesentlichen aus Arbeiten im Schulgarten. So konnten sich viele theoretisch Unbegabte als Pflanzenzüchter profilieren. Die schlichten Theaterstücke, die am Nachmittag einstudiert wurden, fanden im Zeugnis unter der Rubrik *Drama* ihren Niederschlag.

Die Schulleiterin mußte einerseits dafür sorgen, daß die Kinder gerne kamen und gut von der Schule sprachen und andererseits die Eltern durch ein hohes Leistungsniveau zufriedenstellen. Da es auch für relativ Wohlhabende nicht einfach war, das Schulgeld für vier oder fünf Kinder aufzubringen, kontrollierten viele Eltern, die sich das Schulgeld vom Munde absparen mußten, die Ergebnisse und informierten sich über die Erfolgsquoten bei staatlichen Prüfungen.

Anfangs, erzählte mir die Leiterin, habe sie Angst gehabt, den *gegensätzlichen* Erwartungen der Kinder und Eltern nicht gerecht werden zu können. Aber schon bald habe sie herausgefunden, daß Spaß und Leistung keine Gegensätze sind. Vielmehr sei Spaß die Voraussetzung für Leistung: ›Gib den Kindern Bewegungs- und Betätigungsmöglichkeiten, anerkenne sie – und schon leisten sie etwas.‹

Jedes Mal, wenn ich mich blicken ließ, fragte mich die Klassenlehrerin (die mangels Diplom an einer staatlichen Schule nicht hätte unterrichten dürfen): »Was sagen Sie zu Anands Fortschritten? Zufrieden?«

Der Wunsch, Schüler und Eltern zufriedenzustellen, hatte existentielle Wurzeln. Es gab noch eine Konkurrenz am Ort und deshalb die Gefahr, die Schule könnte Pleite machen, wenn viele unzufriedene Eltern ihre Kinder ummelden würden.

Ob die Politiker, die uns eine sterile und kalte Schule nach der anderen mit asphaltiertem Hof bescheren, die Elternnachfrage nach Ganztagsschulen (alle bestehenden haben lange Wartelisten!) auch dann so lässig ignorieren würden, wenn ihre Existenz von der Zufriedenheit der Eltern abhinge?

Während die auf ›Opferbereitschaft‹ getrimmten Eltern sich schämen, wenn sie ›am Kind sparen‹, schämen sich die Regierenden unseres so reichen Landes nicht, dreißig Schüler in ein Klassenzimmer zu packen.

Das Vorbeiplanen an den natürlichen Bedürfnissen der Kinder findet seinen Niederschlag in Demolierungen und Aggressionen gegen Lehrer.

Ob die Regierenden sich die Mißachtung der verbal hochgeschätzten Familie, die sich unter anderem in unserem Schulsystem ausdrückt, auch dann erlauben würden, wenn Kinder bei Wahlen eine Stimme hätten?

Doris hat das ursprünglich geplante zweite Kind gestrichen. Allen ihren jüngeren Bekannten empfiehlt sie Kinderlosigkeit. Die bewußt Kinderlosen seien objektiv die wahren Kämpfer für eine kinderfreundliche Gesellschaft, ›denn sie zeigen unseren Politikern, daß die Indoktrination ihre Grenzen hat, daß man mit der Opferideologie allein auf Dauer den Nachwuchs nicht sichern kann.

Wie sie das Schulproblem ihrer Tochter lösen wird, weiß Doris noch nicht. Ihr Wohnproblem wird sie frühestens in sechs bis sieben Jahren, nachdem sie einige Jahre ›dazu verdient‹ hat und ihr Kind schon fast aus dem Gröbsten heraus ist, beheben können: »Da der Staat bisher keine Anstalten macht, Leuten mit Kindern familiengerechte Mietwohnungen mit ausreichenden Freispielmöglichkeiten zur Verfügung zu stellen und ich nicht warten kann, bis meine Tochter volljährig ist, *muß* ich so früh wie möglich eine bezahlte Berufstätigkeit aufnehmen; denn von einem Gehalt können wir die monatlichen Belastungen für ein Eigenheim nicht bewältigen.«

Sich über die Appelle der Elternantreiber mokierend, schlägt Doris für wohnungsgeschädigte Familien mit kleinen Kindern ein Plakat vor, das ein eingesperrtes, gefesseltes, unglückliches Kind zeigt: »Geh Geld verdienen, Mami, kauf mir Spielraum!«

Wie Doris halte ich es für eine bodenlose Unverschämtheit, das Unglück unserer nervösen und aggressiven Kinder den *Eltern* anzulasten. Eltern brauchen keine Vorwürfe, Eltern brauchen Hilfe. Das sind die Mindestanforderungen, die eine Gesellschaft, die Kinder haben will, erfüllen müßte:

1. Familien brauchen als *Mieter* Wohnsituationen, die eine natürliche Entfaltung ihrer Kinder und eine Betreuung ohne Nervenstreß ermöglichen.
2. Vater und Mutter werden für je eineinhalb Jahre für die persönliche Betreuung des 0–3jährigen Kindes bei voller Gehaltserstattung und Arbeitsplatzgarantie beruflich freigestellt.
3. Für alle 3–6jährigen ist ein Platz in einer Kindertagesstätte mit großem Freigelände vorhanden.
4. Für die Klassen 1 bis 10 gibt es Ganztagsschulen, die kindergerecht konzipiert sind.

3. Wahlrecht für Kinder?

Seit mehreren Jahren steht das *Wahlrecht für Kinder* als Forderung im politischen Raum. Zu seinen Befürwortern gehören u. a. die rheinland-pfälzische Staatssekretärin Renate Hellwig (CDU), der Präsident der Hamburgischen Architektenkammer J. M. Bunsmann und der Herausgeber der Zeitschrift *Capital*, Johannes Gross.

Das von Renate Hellwig entwickelte Modell findet Zustimmung bei einzelnen Wissenschaftlern, Publizisten und Politikern, aber die Ablehnung überwiegt. Man nennt ihren Vorschlag einen »Fastnachtsscherz« und fragt an, ob sie ›noch alle Tassen im Schrank‹ hätte. Eltern, besonders junge Eltern, dagegen äußern sich nach Aussagen der Staatssekretärin durchweg positiv bis begeistert.

Renate Hellwig schlägt vor, das Wahlrecht in Analogie zum Bürgerlichen Gesetzbuch, das zwischen Rechtsfähigkeit und Geschäftsfähigkeit unterscheidet, aufzuteilen in ein *Wahlrecht* und ein *Wahlausübungsrecht*. Nach ihrem Modell hätte jeder Bürger vom Zeitpunkt der Geburt an das Wahlrecht. Ausgeübt würde das Wahlrecht bis zur Volljährigkeit durch den gesetzlichen Vertreter des Kindes, also in der Regel durch die leiblichen Eltern.

Wir haben ein *allgemeines* Wahlrecht, aber die Personen unter achtzehn Jahren sind von ihm ausgeschlossen. Man hat das Wahlrecht schon *allgemein* genannt, als nur alle Männer, unabhängig von Stand und Einkommen, wählen durften. Nach der Ausdehnung des Wahlrechts auf die Frauen sprach man von einem *allgemeinen Wahlrecht für Männer und Frauen*. Seitdem der Einschluß der Frauen als selbstverständlich empfunden wird, heißt es wieder schlicht *allgemeines Wahlrecht*.

Ist die zum Teil sehr vehemente Ablehnung des Kinderwahlrechts vergleichbar mit der früheren Lächerlichmachung der Suffragetten-Forderung, das Wahlrecht auf die Frauen auszudehnen? Ist die Einführung des Kinderwahlrechts der logische und notwendige dritte Schritt auf dem Wege vom allgemeinen Männerwahlrecht zum allgemeinen Wahlrecht für Männer und Frauen, vom allgemeinen Wahlrecht für Volljährige zum *allgemeinen* Wahlrecht?

Die juristischen Einwände gegen eine Einführung des Wahlrechts für Kinder sind von Renate Hellwig gründlich erörtert worden. Unterlagen können bei ihr angefordert werden.

Nachdem ich Renate Hellwigs Modell zunächst spontan abgelehnt hatte, überdachte ich es immer wieder und mit immer mehr Zustimmung. Heute unterstütze ich die Forderung nach einem Wahlrecht für Kinder, das deren Eltern ausüben können, als logisch durchaus richtig und sozial gerecht.

Wer wählt, beauftragt jemanden, seine Interessen wahrzunehmen. Da jeder Bürger von politischen Entscheidungen betroffen ist, sollte von jedem Haushalt auch die *Stimmgewalt* ausgehen, die der Anzahl der Köpfe entspricht. Es ist sozial ungerecht, daß die Stimmen eines kinderlosen Ehepaares bei der Wahl genauso schwer wiegen wie die eines Ehepaares mit drei Kindern; denn von den politischen Entscheidungen der gewählten Volksvertreter sind in dem einen Fall zwei Personen betroffen, in dem anderen fünf.

Wissen Eltern, welches politische Programm für das Wohl ihres Kindes am besten ist? Wer Eltern die Entscheidungsfähigkeit absprechen will, darf ihnen auch nicht die Verantwortung für die Betreuung ihrer Kinder übertragen. Der Kinderlose trägt nur für sich selbst Verantwortung, also stimmt er auch nur für sich selbst. Eltern tragen für sich selbst und ihre Kinder Verantwortung, also stimmen sie auch für sich selbst und ihre Kinder.

Daß bei Wahlen auch über Programme abgestimmt wird, die nichts mit Kindern zu tun haben, ist kein Einwand. Rentner beispielsweise, die sich für eine Partei aufgrund von deren Rentenpolitik entscheiden, stimmen auch gleichzeitig mit ab über Schulformen, die sie nie mehr betreffen werden. Durch die Zusatzstimme für Eltern werden Personen mit Kindern nicht privilegiert, sondern erstmals den Personen ohne Kinder gleichgestellt: Ein von Politik Betroffener = eine Stimme.

Johannes Gross (*Capital* 9, 1979): »Für eine Demokratie muß gelten: Jede natürliche Person hat eine Stimme. Alles andere ist blanke Willkür.«

»Kinder haben keine Lobby!« klagen alle diejenigen, die sich für die Verbesserung der Lebensbedingungen der Kinder in unserem Land einsetzen, seit Jahren hilflos. Die natürlichsten Lobbyisten der Kinder sind ihre Eltern. Welches Unrecht auch immer sie ihren Kindern unter dem Druck der Umstände antun – sie lieben sie. Deswegen sind sie als Lobbyisten qualifizierter als die klügsten *Experten*.

Da jede Partei daran interessiert ist, die Mehrheit für sich zu gewinnen und folglich den zahlenmäßig stärksten Wählergruppen Geschenke zu machen, haben Eltern wenig Chancen, für ihre Forderungen Gehör zu finden. Während eine Mißachtung der Rentner für die Parteien lebensgefährlich wäre, können Elternwünsche als weitgehend folgenlos ignoriert werden. Das wäre nicht mehr der Fall, wenn jede natürliche Person eine Stimme hätte. Architekt Bunsmann zum Beispiel ist davon überzeugt, daß das Kinderwahlrecht der kinderfeindlichen Wohnraumplanung ein Ende setzen würde.

»Wer sich zu einem Kind entschließt, muß auch bereit sein, Forderungen zu stellen!« sagt Doris. Durch das Kinderwahlrecht würden Eltern lernen, im Interesse ihrer Kinder ihre eigenen Interessen zu definieren und durchzusetzen.

Wer kriegt die Stimme, wenn ein Elternpaar nur ein Kind oder drei oder fünf Kinder hat? Dieses Problem läßt sich regeln. Ob man, wie Anand vorschlägt, Mutter und Vater je eine halbe Stimme gibt, oder wie Bunsmann empfiehlt, der Mutter die Stimme der Söhne und dem Vater die der Töchter anvertraut – die organisatorischen Fragen sind kein Einwand gegen das Kinderwahlrecht.

›Kommt es nicht zu schrecklichen Familienkonflikten, wenn Jugendliche eine andere Partei bevorzugen als ihre Eltern?‹ ist Renate Hellwig immer wieder gefragt worden.

Meinungsverschiedenheiten müssen nicht zu Konflikten führen, und Konflikte können durchaus produktiv sein für das Zusammenleben. Es kommt darauf an, wie man mit ihnen umgeht. Ich würde aus der Meinungsverschiedenheit jedenfalls kein Problem machen, sondern meine Stimme meiner Partei und die Stimme meines Sohnes seiner Partei geben. Es ist sicher nicht schädlich für die Demokratie, wenn Menschen, die mit achtzehn Jahren allein wählen gehen, schon mit zwölf oder vierzehn Jahren *konkret* zu einer Meinungsbildung herausgefordert werden. Ich habe bereits einmal stellvertretend für meinen Sohn gewählt. Und zwar bei der letzten Landtagswahl. Da er mich damals mit Allgemeinplätzen wie ›Es gibt keinen Unterschied zwischen SPD und CDU‹ nervte und ich es leid war, mich mit Abstraktionen auseinanderzusetzen, bot ich ihm an, die von ihm gewählte Partei anzukreuzen. Schlagartig war Schluß mit den großen Parolen. Anand begann nachzudenken: Es gibt keine gute Partei, welche ist am wenigsten schlecht? Wie verhalte ich mich? Protestiere ich durch Stimmenthaltung, oder wähle ich das kleinere Übel? Er rätselte herum und studierte die Details, er fand Brauchbares bei der SPD und einzelnes Lobenswertes bei der FDP, er war für die Grünen, wollte aber keine verlorene Stimme abgeben. Schließlich entschied er sich, und ich kreuzte die Partei seiner Wahl an. Warum nicht? Anand existiert genauso wie ich. Er ist politisch mindestens so gut informiert wie ich. Wir sind also gleich qualifiziert. Wir sind zwei von Regierungsentscheidungen Betroffene, aber wir haben zusammen nur eine Stimme. Warum soll meine Meinung zur Geltung kommen und seine unter den Tisch fallen? Wir beschlossen, uns künftig abzuwechseln, und mein Mann erwägt, sich bald mit Ravi abzustimmen. Bei der Bundestagswahl gab ich meine Stimme ab, bei der nächsten Wahl werde ich wieder Anands abgeben.

»Und wenn Anand von dir verlangt hätte, die NPD anzukreuzen?« fragten Bekannte. In diesem Fall hätte ich mich geweigert, in seinem Sinne zu stimmen und ihm erklärt, daß ich eine solche Wahl nicht mit meinem Gewissen vereinbaren könne. Daß man als Eltern nach Einführung des Kinderwahlrechts grundsätzlich bereit ist, die Kinderstimme gemäß der Entscheidung des herangewachsenen Kindes abzugeben, bedeutet nicht, daß man unter *allen* Umständen so verfahren wird. Wer in einen Gewissenskonflikt gerät, muß seinem fünfzehnjährigen Sohn oder seiner siebzehnjährigen Tochter eben klarmachen, warum er sein Versprechen, den Wahlwunsch des Kindes an der Urne umzusetzen, nicht halten kann. Welche familiären Auseinandersetzungen das von den Eltern ausgeübte Kinderwahlrecht auch immer aufwerfen mag, die politischen Meinungsverschiedenheiten zwischen Eltern und Kindern lassen sich sicher nicht schwerer verarbeiten als andere bedeutende Konflikte.

Schlußbemerkung

Zeichnet sich eine Tendenzwende ab? Ist der neue Mütter-Mythos, der in einigen Frauenkreisen momentan geradezu kultisch zelebriert wird, ein Indiz für eine neue Bereitschaft, mehrere Kinder aufzuziehen? Der oft peinlich an die Nazizeit erinnernde Schwulst – fiebrige Jungmütter fühlen sich wie ›Erdgöttinnen‹ – ist zunächst einmal ein Indiz dafür, daß Kinderhaben nicht mehr als Selbstverständlichkeit empfunden wird. Ein Gut, um das man sich von jedermann beneidet weiß, braucht man nicht künstlich zu glorifizieren.

Da der *Alltag* der Kinderbetreuung weder durch hehre Sprüche noch durch erhabene Empfindungen gemeistert wird, sondern einen mühsamen, jahrelangen Einsatz erfordert, und zwar Tag für Tag, Stunde für Stunde, sehe ich in dem neuen Mütterlichkeitswahn, der viele Feministinnen beunruhigt, keine Trendwende, sondern eine kurzlebige Mode, die sich von anderen Moden leider dadurch unterscheidet, daß man die Anschaffung, für die man sich mitlaufend entschieden hat, nicht einfach wegwerfen kann, wenn sie einem lästig wird. Ich halte die wahnhafte Verherrlichung der Schwangerschaft und des Geburtserlebnisses für sehr leichtfertig, weil sie von der Arbeit, die danach kommt und die Menschen erst zu Eltern macht, ablenkt.

Mit Kinderfreundlichkeit hat dieser Biologismus nichts zu tun, zumal dann nicht, wenn der Wunsch, Mutter zu werden, mit der Frustration im Beruf begründet wird, die Mutterschaft also von Frauen als elegante Möglichkeit, sich auf gesellschaftlich anerkannte Weise der Langeweile oder dem Versagen auf dem Arbeitsplatz zu entziehen, angestrebt wird.

Wichtiger als das Bekenntnis zur Schwangerschaft ist das Bekenntnis zum geborenen, existierenden Kind. Rein theoretisch kann jeder zu seinem Kind stehen, schwierig ist nur die Praxis. Anliegen dieses Buches war es, einerseits davor zu warnen, die Probleme des gewöhnlichen Erziehungsalltags zu unterschätzen und andererseits Wege aufzuzeigen, die geeignet sein könnten, das Zusammenleben mit den Kindern, die man – aus welchen Gründen auch immer – einmal hat, leichter zu gestalten. ›Sich zu seinem Kind bekennen‹ kann für mich nur heißen: Bereit sein, es so anzunehmen, wie es ist, und lernen, seine natürlichen Ansprüche gegenüber einer kinderfeindlichen Umwelt zu verteidigen.

Seitdem der Staat die Versorgung der Alten übernommen hat, hat das eigene Kind seinen sozio-ökonomischen Nutzwert verloren. Aus dem Säugling kann *nur* noch ein Freund werden. Freundschaft gedeiht nur in einem guten Klima. Deswegen hoffe ich, einige (werdende) Eltern dazu angeregt zu haben, ihre Nerven zu schonen und die harmonische Familienatmosphäre dadurch zu erhalten, daß sie darauf verzichten, sich für Erziehungsziele abzurackern, die ihren Bedürfnissen objektiv nicht mehr entsprechen.